李宗吾的人生哲學

——厚黑人生

《中國人生叢書》前言

中國聖賢是一個神聖的群體。他們是思想智慧的化身，道德行為的典範，進取成功的象徵。他們或者以自己的思想學說影響歷史，併構成民族性格與靈魂；或者他們本身即親身創造歷史，留下光照千秋的業績。

但歲月流轉，時代阻隔，語言亦發生文句變化。更不用說人生代代無窮已，歷來學問家詮釋演繹聖賢學說，形成衆多門戶相左的學派，同時又相應神化聖賢事跡。於是，聖賢便高居雲端，使常人可望不可及，只能奉為神明，頂禮膜拜。

然而，消除阻隔，融匯古今，無論學問思想，或者智勇功業，如此二者常常並不是分離的，且必然是人生的，為社會人生而存在的。這就是聖賢學說、智略、勇氣、運籌、奔走、苦鬥，成功的經驗，失敗的教訓，乃至道德文章，行為風範，也體現為一種切實的人生。因為聖者賢者也是人。

這是一種存在，無須多說什麼。但存在對每一個人並不意味著親切，也不意味著自覺。我想聖賢人生與我們這些凡夫俗子的人生加以聯繫。聖賢不正是一個凡夫俗子，經許多努力，經許多造就，才成其為聖者賢者的嗎？

當然還有一個重要方面，時世使然矣，這就是歷經漫漫千年的中古時代，又歷經憂患求索的百年近代，世界文化已在衝擊中國人的生存方式。該如何確立中國人的人生路，我總認為無論是作為一種一脈相承的文化淵源，還是作為一種精神參照與啟迪都莫如了解中國聖賢人生，莫如將我們平凡的人生從聖賢人生與學說找到佐證，找到圭臬。所謂古人不見今時月，今月曾經照古人。正是由此理解，由此思忖，我嘗試撰寫了《莊子的人生哲學》，問世以來即引起讀者的關注與歡迎。並且成為我組織一套《中國人生叢書》的直接引線。

我大致想好了，依然如《莊子的人生哲學》一樣書寫聖賢人物。我還不揣簡陋，以我的《莊子的人生哲學》為範本，用一種隨筆的文體與筆調，古今結合，史論結合，聖賢人生與凡生結合，我還要求每一位作者對他所寫的聖賢人物，結合自己的人生閱歷對聖賢寫出獨特的人生體驗。我請了我的多位具卓越才識的朋友，他們都極熱心地加盟這套書的寫作，並至順利完成。

現在書將出版了，我需感謝我的朋友們，感謝出版社，希望更多的讀者喜歡他。

揚帆

《中國人生叢書》前言附語

《中國人生叢書》原寫的對象具為中國歷史上聖賢人物的人生哲學，如老莊、孔孟等。因之《中國人生叢書前言》亦是交代這一部分書若干種的來由。

實際《中國人生》是一個涵蓋更為豐富廣闊的概念，這是明白的。固之，揚智文化事業股份有限公司的葉忠賢先生擬擴大它的規模，至少在內涵上應與《中國人生》更相符合，這是自然的。無論是循名責實，還是作為實業上的某種建樹，出版者這樣想都是順理成章的。當然，以讀者這方面考慮，中國人文史蹟之數千年，寫人生哲學也不應祇有這幾位聖賢人物，應該給讀者更廣闊的視野，更寬廣的精神空間。此亦情理之中的事。如此，本叢書又引進《曹操的人生哲學》、《李白的人生哲學》諸種，相應說明如下：

其一，原來《中國人生叢書》聖賢諸種再加現在諸種，即為中國人生叢書的全部。

其二，後加人物，人生品格與聖賢是有差別的，這是不言自明。

其三，為保持此叢書的形式統一，前言不變，特加此「附語」，以亦說明，亦祈讀者諸君明鑑。

揚帆

於廣濟居

目錄

厚黑理論研究

奇貨可居

《厚黑學》被塵封了許多年，就像古董，過去有過輝煌的一頁，而被世人重新發現之後更可賣個好價錢。

發現《厚黑學》這一古董的考古家在臺灣有位柏楊先生。《厚黑學》在臺灣搶手當然得感謝柏楊先生的大力宣傳。柏楊先生與李宗吾先生是同一類的怪人。李宗吾先生的學問要以「厚黑」精義一貫到底；柏楊先生介紹李厚黑學問的雜文集名曰《怪鳥集》，說的話也有怪怪的味道，所以說柏楊先生與李宗吾先生是同一類的怪人不是憑空亂說的。中國大陸似乎沒有像柏楊先生這樣宣揚《厚黑學》的名家，不過中國大陸畢竟是《厚黑學》的故土，大家讀《厚黑學》並不像柏楊先生那樣大驚小怪。剛上市的時候，讀者並不論價，買回家一個通宵就讀完了，且決不轉借他人，所以書商都像賺了大錢。但不動聲色間《厚黑學》漸漸滯銷了，在街頭地攤上，《厚黑學》夾在其他花花綠綠的武俠、言情小說之中，一塊錢一本，也不議價。鄙人在其中覓得一本，據說是取自當年李宗吾親自印發親自寄贈給北京各大圖書館的珍藏本，扉頁上還印有李宗吾贈書時的題字。柏楊先生當初所見不過是《厚黑教主傳》和《厚黑學》合訂本。我所得名曰《厚黑大全》，收錄李宗吾先生的《厚黑學》、《我對於聖人之懷疑》、《厚黑叢話》、《厚黑原理》、《社會問題之商榷》、《迂老自述》、《我的思想統系》、《怕老婆的哲學》等九部奇書，並且還附錄有沈武、林語堂、柏楊等名家的毀譽爭鳴。號曰大全，的確貨眞價實。柏楊先生的朋友當初以五百元巨金得之於書攤，而鄙人僅以一塊錢得之於書攤，足可讓柏楊先生與寒爵先生瞠目頓足。看來我是得了一個大便宜。不過又有俗語云：便宜不是好貨。我從書堆中找出《厚黑大全》激動不已，攤主一定也對我感激不盡。我得從頭至尾看看它究竟值不值一塊錢。

靠「偏」起家

宗吾先生以一偏之論著成《厚黑學》，贏得了厚黑教主的寶座，成就了他學問的發軔點。

《厚黑學》是宗吾先生的成名作，也是他一切學問的發軔點。其成敗得失關乎宗吾先生一生的清名與文名，我們不要信口雌黃評價，還是讓宗吾先生自己來說。

宗吾先生已指出「厚黑學」乃以性惡論爲立足點，與王陽明之「致良知」一樣，爲極偏之論。

俗語云：「害人之心不可有，防人之心不可無」。前半句是王陽明的「致良知」，後半句則是李宗吾的「厚黑學」。李先生割下後半句來作爲研究的題目，研究得愈深入便愈偏頗，研究得愈是冠冕堂皇便愈讓世人怵目驚心。既搔到了世人的癢處，又觸及到了世人的隱私，所以世人笑的笑，罵的罵。這種情形讓我們想到了世界上的另一位偉人佛洛依德先生。佛氏的著作在前些年也非常搶手，鄙棄、漫罵的人，也不在少數。佛氏的理論也是極偏頗的，單盯著人的「性」作文章，還發明了戀母情結與戀父情結。可以說其大膽程度要超過李宗吾先生，所以他的名聲也要大於李宗吾先生，並形成了影響世界的心理分析學派。

果眞佛氏的學問要比宗吾先生大嗎？果眞人生只有「性」嗎？但是不抓住這個「性」字，就沒有佛洛依德的學說，就發現不了世人不肯承認的眞理？

當然偏激之論容易犯衆怒，偏激之論容易招人駁斥。只要其間自有眞理在，情怒終會平息，駁斥終會自覺無知。

宗吾先生的厚黑學是專破中國官場黑幕的，只要中國還有官場存在，那麼黑幕也一定存在，那麼宗吾先生的厚黑學是一定具有牛諸燃犀的魔力的。正如佛洛依德的精神分析法可以專破情場黑幕，只有人類有情場存在，總難離開「性」字。正如馬克思發明價值規律可以專破商場的黑幕，只要商品與市場還存在，商人總離不開一個「利」字。

宗吾先生以一偏之論著成《厚黑學》，贏得了厚黑教主的寶座，成就了他學問的發軔點。他能成爲一位轎中人，而不是一名抬轎的腳夫，正是靠了「偏頗」這一武器。如果他著《厚黑學》像他後來那樣寫《中國學術之趨勢》說起話來四平八穩、左右逢源，我看他是成不了教主與轎中人。人們稱讚他的《中國學術之趨勢》是扛鼎力作，不正是看中了他抬轎的腳力嗎？

宗吾先生能一鳴驚人，在於他像孔明先生一樣有策略。他曾爲自己定下用功三步驟，曰：第一步，以古爲敵；第二步，以古爲友；第三步，以古爲徒。這不是從孔明的隆中對策的翻版嗎？

他還說道：「我雖然定下了三步功夫，其實並沒有做到，自己覺得很慚愧。我現在正做第一步功夫，想達第二步，還未達到。至於第三步，自量終身無達到之日。譬如行路，雖然把路徑尋出，無奈路太長了，腳力有限，只好努力前進，走一步算一步。」大家睜大眼看看，這不是孔明「鞠躬盡瘁，死而後已」的精神嗎？

他所謂第一步「以古爲敵」是什麼策略呢？有闡釋云：「讀古人之書，就想此人是我的勁敵，有了他，就沒有我，非與他血戰一番不可。逐處尋他縫隙，一有縫隙，即便攻入；又代古人設法抗拒，愈戰愈烈，愈攻愈深。必要如此，讀書方能入理。」他抱定以古人爲敵的方針，即孔明要劉備抱定以曹操爲敵的方針。

宗吾先生專捉古人的短處，專尋古人的縫隙，抱定與古人鬥而其樂無窮的讀書精神奮鬥不息，古人焉得能處處守住，所以宗吾先生以鑽牛角尖的辦法著成了《厚黑學》。牛角尖，這既硬且尖的東西，許多人都是怕的，特別是先生怕學生抓住這怪東西不放。

寵辱不驚

宗吾先生在撰寫厚黑學時還是比較堅信自己所發明的厚黑眞理。

《厚黑學》幾經沉浮，一時沸沸揚揚天下皆言厚黑，一時冷冷清清書商連呼倒霉。褒之者云：「三代上有聖人，三代下聖人絕了種，怪事也！然則近代之新聖人，其唯發布厚黑學之李宗吾乎！」貶之者云：「他立論的出發點，純在於損人利已的一點上，可說他惟恐世人不惡，而教人爲惡；惟恐世界不亂，而導引世界於大亂。此種學說，人類奉行，則為害人主義；國家奉行，則為侵略主義；總之厚黑學是禍害學，不可任其發展。」即是宗吾先生自己對厚黑學前期與後期抱持的態度，發生了極大變化。作者在撰寫厚黑學之時還是比較堅信自己所發明的厚黑眞理的，是相信歷史的發展是離不開厚黑的，不然就不會提出一個唯厚黑史觀來。但到後期情況就發生了變化，他在緒論中就明確推翻了自己的厚黑學：「孟子的性善說，荀子的性惡說，俱是一偏之見，我所講的《厚黑學》，自然是更偏了，其偏的程度，恰與王陽明『致良知』之說相等；讀者如果不明白這個道理，認眞厚黑起來，是要終歸失敗的。」這便是明確地勸世人《厚黑學》之書可讀而厚黑之事不可為。到後來又自稱《厚黑學》與《我對於聖人之懷疑》是破壞性的文字，而《心理與力學》、《社會問題之商榷》等則是建設性的文字。這更是一種反省了。再後來又發明了二公例：「用厚黑以圖謀一己之私利，越厚黑，人格就越卑污；用厚黑以圖謀衆人之公利，越厚黑，人格越高尚」、「用厚黑以圖謀一己之私利，越厚黑越失敗；用厚黑以圖謀衆人之公利，越厚黑越成功。」則此一厚黑非彼一厚黑，直欲以後一厚黑救前一厚黑矣。

世人對於《厚黑學》的冷熱趨捨，宗吾先生對於《厚黑學》的發展改造，都明確顯示出《厚黑學》的確有其偏失，又的確有世人熟視而不見、欲言而不敢言的眞理在。不然在學術上人性善惡論爲何千百年來爭執不休，不然爲何總有世人感嘆人心險惡或發出世上還是好人多的感慨！

不過，無論褒者、貶者，還是作者，都不必爲《厚黑學》的好、壞影響發愁。孔孟之道由志士仁人者奮力莘傳幾千年，也沒有眞正出現過「神州儘舜堯」的局面；老莊之學由隱者高士殫精竭慮地推演了無數代，也沒有眞正出現過「淸靜無爲」的局面；外親的佛學神教也有過讓儒道嫉妒的燦爛，但也沒有讓世人「四大皆空」，明了因果。所以受厚黑學薰陶最深最早的蜀中並沒有出現一個厚黑國，沒有讀過厚黑學的洋人，行起厚黑來也宛然厚黑眞傳弟子。厚黑學亦有敎外別傳乎？

心性之學

厚黑學乃心性之學，非一時之權變與外鑠之邪道。

厚黑教主曰：「厚黑者，非由外鑠我也，我固有之也。天生烝民，有厚有黑，民之秉彝，好是厚黑。」由此可知宗吾先生認定厚黑之性爲人所固有。何以推求得來?宗吾先生由小孩見母親口中有糕餅便生搶奪自食之心，由小孩坐在母親懷中吃奶或吃餅的時候，哥哥走至面前，便生推打之意，得知此等厚黑之性乃「不學而能，不慮而知」的一種「良知良能」。而世人「行之而不著焉，習矣而不察焉，終身由之，而不知厚黑者衆也。」

是不是人的天性便唯此厚黑二字呢?宗吾先生又由孟子之言有所闡發。孟子云：「今人乍見孺子將入於井，皆有怵惕惻隱之心」。由此推定人心之中怵惕在先，惻隱在後；怵惕是爲我的念頭，惻隱是爲人的念頭。孟子講仁義，以惻隱爲出發點，宗吾講厚黑，以怵惕爲出發點，所以孟子曰：「惻隱之心，仁之端也」。宗吾曰：「怵惕之心，厚黑之端也」。由此宗吾先生認定自己的厚黑學乃第一義的學問，孟子的仁義說乃第二義的學問。所以厚黑學與孟子仁義說各得一半眞理。這就回答了厚黑學在人性之中地位。

由以上論述可知厚黑學亦乃心性之學，非一時之權變與外鑠之邪道。且厚黑與仁義各得其半，爲仁義之學者，以厚黑爲最大敵人，無時無刻不以鏟除厚黑爲己任，是以宋儒強調存天理滅人欲即是此等用意。而爲厚黑之學者，以道學先生爲厚黑之賊，要把「所謂五倫與夫禮義廉恥掃蕩得乾乾淨淨」。不過宗吾先生又強調厚黑學是藏於心中，隱於臉下的學問，施行的時候一定要罩上一層變色龍般的面紗：「假如遇著講性學的朋友，你跟他講仁義道德，豈非自討沒趣？這個時候，應當套上『戀愛神在』四個字。若遇著了講馬克思的朋友，就套上『階級鬥爭，勞工專政』八個字，難道他不喊你是同志嗎？總之面子上應當罩以甚麼東西，是在學者因時因地，神而明之，而黑學的厚黑二字，則萬變不離其宗」。

所以獻身仁義道德的朋友，不要以爲厚黑魔教可以輕易鏟除，它是「野火燒不盡，春風吹又生」的春草。潛心厚黑的朋友，不要以爲人性之中惟有厚黑二字，除厚黑之外還有天理良心在，所以不要把事情做得太絕。

宗吾先生作《厚黑經》的時候，心乃在厚黑這一邊，所以以厚黑爲其本有，而以仁義爲其外誘。等到後來細緻格求孟子之言，宋明之學，方知厚黑爲其本有，仁義亦非外誘，至當心始末動之時，無厚黑，亦無仁義。是以宗吾先生力求把厚黑與仁義打成一片，贊同老子所持人性本是無善無惡之說。

同時宗吾先生又藉助牛頓、愛因斯坦之說重新闡釋「心」曰：

「通常所稱的心，是由於一種力，經過五官出去，把外邊的事物牽引進來，集合而成的」。

「我們心中也有一種引力，能把耳聞目睹，無形無體之物吸收來成爲一個心。心之構成，與地球之構成相似」。

「心的現象，與磁電的現象，是很相似的。人有七情，大別之，只有好惡二種，心所好的東西，就引之使近，心所惡的東西，就推之使遠，豈不與磁電相似嗎？」

並進而創立「心理依力學規律而變化」的假說。

這樣宗吾先生藉鑑古代哲學與現代科學建立起了自己的《厚黑原理》。宗吾先生認爲老子所謂「性猶湍水也」最符合人性之實際。湍水蓄有變化之情勢，而尚未顯變化之形，則不存在水善水惡之爭。人性有欲求之必然，而尚未呈張揚之態，則不存在性善性惡之爭。而水之變化，「決諸東方則東流，決諸西方則西流」，隨導引之勢而變化。人性亦是如此，追求不同則善惡不同。水無必定害人利人之性，人無必定爲善爲惡之性。所以人生的目標往往決定一個人的所作所爲：「目標在功名，則吳起可以殺其妻。漢高祖可以分父之羹，樂羊子可以食子之羹。目標在父母，則郭巨可以埋兒，姜詩可以出妻，伍子胥可以鞭平王之屍。目標在色欲，則齊襄公可以淫其妹，衛宣公可以納其媳，晉獻公可以蒸父妾」。

人心既然如此，所以爲人者其人生觀之選擇確立不可不慎；爲政者其立國之策不可不正。所以宗吾先生著《厚黑學》的用意也就明白了，正如林語堂先生所云：「要知李氏發布《厚黑學》」是積極的，並非消極的，不是只嘻笑怒罵而已；對社會人心，實有「建設性」。旨在『觸破奸詐』，引人入正！」

《厚黑學》與《老子》

朱子曰：「老氏之學最忍」，朱子以一個忍字，總括厚黑二者。諸君若能將此道理會通原知老子的道德經和厚黑學是沒有甚麼區別的。

宗吾先生釋厚黑有云：「忍於己之謂厚。忍於人之謂黑。忍於己，故閉時虛無卑弱；忍於人，故發出來教你支持不住」。即以一個「忍」字總括厚黑二字之精神。

《朱子全書》有云：

「老氏之學最忍，他閒時似個虛無卑弱的人，莫教緊要處，發出來，更教你支持不住，如張子房是也。子房皆老氏是學，如嶢關之戰，與秦將連和了，忽乘其懈擊之。鴻溝之約，與項羽講和了，忽回軍東之。這個便是他卑弱之發處，可畏可畏。他計策不須多，只消兩三處如此，高祖之業成矣」。

根據朱子這段高論，宗吾先生便認定《老子》與《厚黑學》原是一脈相通的，《老子》也就是一部《厚黑學》，只是名之不同而已。

宗吾先生此言是很有自知之明的，張良教與劉邦的不過就是這老氏之學，劉邦得之而取天下。司馬懿所學的也是老氏之學，傳授給他的兩個兒子的也是這老氏之學。

《晉書·宣帝紀》有云：「帝勛德日盛，而謙恭愈甚。以太常常林鄉邑舊齒，見之每拜。恆戒子弟曰：『盛滿者道家之所忌，四時猶有推移，吾何德以堪之。損之又損之，庶可以免乎！』」

司馬懿所以教子弟的正是老子之言。《老子》第九章云：「持而盈之，不如其已。揣而銳之，不可常保」。第十五章云：「孰能濁以止靜之徐清？孰能安以動之徐生？係此道者不欲盈。夫唯不盈，故能敝而新成」。第四十八章云：「爲學日益，爲道日損，損之又損，以至於無爲。無爲而無不爲。取天下常以無事，及其有事，不足以取天下」。司馬氏所謂盛滿之忌，所謂損之又損之法，皆是從老子這幾段經文而來。

其言是如此，其行亦是如此。其精義亦不過一個「忍」字。所以孔明送他婦人之衣飾，他忍得下這點奚落。老百姓嘲笑他：「死諸葛走生仲達」。他聽了不僅不生氣，反而笑著辯道：「吾便料生，不便料死故也」。

他在曹操的手中忍耐著免去了殺身之禍，他在曹丕手下忍耐著獲得了信任，他在曹睿手下忍耐著得到了最高權力，他到曹爽手下還是忍耐著等待最佳爆發時期。他裝病裝得簡直成了眞的，而當齊王與曹爽一出，他並乘機挾持太后，一舉鏟除了曹爽集團。他忍耐的時間眞是長達一倍，他爆發起來眞正厲害：「誅曹爽之際，支黨皆夷及三族，男女無少長，姑姊妹女子之適人者殺之，既而竟遷魏鼎」。

司馬氏之所爲可謂道道地地的厚黑術，司馬氏所誦之經正是《道德經》。所以宗吾先生稱其《厚黑學》與《道德經》不但字面可以相對，而且實質上二者原是相通的。

是以宗吾先生云，《孫子》、《韓非子》、《戰國策》，可以說是古代厚黑學教科書，而這三部書皆由《老子》生發而來。而《老子》一書，包涵厚黑哲理，尤爲豐富。如果欲要研究厚黑學者，把這些書都要讀熟，然而再參以二十五史和現今東西洋事變，包你會成爲一名厚黑博士。

《厚黑學》與佛學

不忿之意，在佛家看來即是有我，即是惡，
在厚黑學家看來即是發狠，即是黑。

宗吾先生發明厚黑學，第一得益於曹操，第二得益於劉備。由曹操做成了那黑得發亮黑學文字，由劉備做成了厚得無底的厚學篇章。我們於前已領略了曹孟德的風騷，這裡再來品味厚學大師的妙筆，則可知世界上既有無堅不摧的矛，亦有顛撲不破的盾；則可知矛之貴，貴在黑，出手方能斬釘截鐵，盾之貴，貴在厚，隱身始得無影無蹤。君不聞「三人成虎」、「衆口鑠金」，言乃至虛之物，可變爲至猛之獸，口乃至軟之物，能銷鎔至堅之屬，二物之所恃無非黑而已，若矛能得其黑，則孰復疑其利也？君不聞「積土成山」，「積水成淵」，水、土至碎之物，之所以成大勢者，賴其厚也，若盾之厚厚於矛之長，矛之銑鋒焉得脫穎而出？所以宗吾先生以厚黑二字名其學是極其高明的。

宗吾先生闡釋厚黑二字：「不薄之謂厚，不白之謂黑。厚者天下之厚臉皮，黑者天下之黑心子」。「黑」字之意義容易領會掌握，「厚」字之意義則難以捉準。試從東坡軼事加以體會。

傳說蘇東坡因一時意會寫成一贊佛偈子，其語云：「聖主天中天，毫光照大千，八風吹不動，端坐紫金蓮」。書成之後甚爲得意，即寄與金山寺的佛印和尙請與印證。佛印收諷後只於偈尾批上「放屁放屁」四字，即寄還東坡。東坡見其批語心中甚是不平，便渡江趕往金山寺找佛印理論，那知來到寺前，只見寺門上貼著佛印的便條云：「八風吹不動，一屁打過江」。

東坡與佛印此番鬥爭好比是一出「蔣幹盜書」。東坡被佛印兩番戲弄，到得寺門前眞是進退兩難。可知東坡雖曠達，亦不過一書生耳；佛印雖禮佛，卻盡知人情機變。佛印即是周瑜，東坡即是蔣幹。

我們可以用厚黑理論試作分析。東坡之所以要渡江找佛印理論，主要是心中有不忿之意。這不忿之意，在佛家看來即是有我，即是惡，在厚黑家看來即是發狠，即是黑。佛印之所以能料定東坡必是「一屁打過江」，主要因爲佛印料定東坡所謂「八風吹不動」有假，有自詡自誇之情。此情在佛家看來即是塵緣未斷，在厚黑家看來則是厚不夠堅。

果眞東坡寫出「八風吹不動」之後自己毫不懷疑，則不會再求佛印印證。能否眞正「八風吹不動」我們不去管它，但說一個人自己說出來的大話自己能做到深信不疑，那麼這個人必定厚學造詣頗深。東坡雖然曠達，但臉畢竟還是不夠厚，被別人罵作放屁，不能笑臉相迎，而是心慌臉紅，氣忿不已。

繞了一個大圈子，才知道佛家的要諦不過是要求弟子們習一個「厚」字。有了「厚」字則可抵擋一切外來誘惑，消除一切內在煩惱，在理想的天國作非非之想，在現實的人生隨緣施爲。

可知厚黑學與佛學同源，佛學不過一厚黑支脈。世人皆知佛學艱深曲晦，以爲厚黑學簡單明瞭，誠當見笑於大方之家。以爲厚黑學即「臉厚心黑」四字，即以爲佛學不過「吃齋打坐」四字，則誤入歧途矣。若有不信良言，胡亂行些臉厚心黑之事，必定禍在目前，自悔莫及。正如你只管吃齋打坐，佛定與你無緣。

曹操、劉備、孫權的學問淵源

曹操，生於天將亂的時代，可謂有專攻厚學的天資。

劉備，深受儒學厚術薰陶，以厚學見長。

孫權，有其遠祖「計白當黑」的遺傳基因，又有同鄉先哲「包羞忍恥」的文化積淀，因而為厚黑兼備的雄主。

《三國演義》開篇有云：「話說天下大勢，分久必合，合久必分：周末七國分爭，併入於秦；及秦滅之後，楚漢分爭，又併入於漢；漢朝自高祖斬白蛇而起義，一統天下；後來光武中興，傳至獻帝，遂分爲三國」。即說明了天下合久必分的道理。又《紅樓夢》中王熙鳳曾說：「千里搭涼棚，沒有不散的筵席」。即說明人情變化如此。無奈帝王與小人都看不破這個道理，都常常做「萬代江山」、「百年好合」的美夢。

不惟天下興替、人情冷暖如此，即便是學術流變亦是如此。自先秦老聃創立世間法與出世法，的確是「玄之又玄，衆妙之門」。若用厚黑史觀來分析，則《老子》是至厚至黑之學，是「厚而無形，黑而無色」的學問，是混混沌沌圓融貫通的學問，天下一切學問皆包容於此。

老聃以後孔子降生，倡導仁義道德則專治至厚的學問，天下學問由合而分。至厚之學，亦分爲許多流派，墨子言兼愛，莊子言養生，各據一端，皆爲厚學。

司馬穰苴研究兵法，專攻奇門詐術，齊桓公、晉文公好尙權術，玩弄陰謀詭計，此皆用心至黑之輩。是以其後兵家走俏，法家抖威，縱橫之士馳騁天下，各謀其術，遂使黑學境界大開。

學問之變亦與世事配應，是以諸侯紛爭，百家蜂起，天下大亂。至荀子，始能融鑄儒、墨，兼修兵、法，貫通百家，集其大成。是以秦王重用其高足而得天下，然其高足學有偏科，多取於黑，因而能攻而不能守，秦又得而復失。

至炎漢之興，高祖有天授之高資，張良得老聃之嫡傳，是以學問復宗於黃老，漢德遠接於三代。是以宗吾先生論劉邦、張良有云：「劉邦的臉，劉邦的心，與衆不同，可稱天縱之聖。黑之一字，眞是『生知安行，從心所欲不逾矩』。至於厚字方面，還加了點學力，他的業師，就是三傑中的張良。張良的業師，是圯上老人，他們的衣鉢眞傳，是彰彰可考的；圯上授書一事，老人種種作用，無非教張良臉皮厚黑了。」大家知道圯上老人授與張良的書乃是《太公兵法》，亦無非教其黑而已。更可見圯上老人於張良言傳身教之殷勤。惜漢高祖文化水平不高，沒有留下什麼著作；張良有文化，晚年卻好闢穀道引之術，無暇著書，且其《太公兵法》又秘不示人，是以後人無從窺其眞豹，只能從司馬遷所述得其皮毛。

至漢武帝時，有儒者董仲舒頗有學問，得帝賞識，因從其「罷黜百家，獨尊儒術」之論，是以漢代又開孔門之學，厚學又爲時所重。

及至後漢之末，儒學漸衰，學術界又出現了熱鬧的局面。這樣便出現曹操、劉備、孫權三位深爲宗吾先生欽佩的人物。厚黑學至此一分三葉。

曹操乃專攻黑學的人物。史稱「少機警，有權數而任俠放蕩，不治行業」。可謂有專攻黑學的天資。又生於天下將亂的時代，更使之如魚得水，如虎添翼。

劉備雖爲漢景帝之後，而家境窮困，「少孤，與母販履織席爲業」，是以能屈身事人；年十五，母使行學，後從當時儒學大師盧植、鄭玄求學，可謂深受儒學厚術薰陶。因而劉備一生以厚學見長，誠有其故也。

孫權爲孫武之後。孫武乃兵學大師，是以孫權有其遠祖「計白當黑」的遺傳基因。孫權又是浙江人，又乃越王句踐的同鄉，是以孫權又有同鄉先哲「包羞忍恥」的文化積淀。因而孫權能成爲厚黑兼備的雄主，亦有其故。

從三位的治學著述亦可窺見其厚黑好尙。三人之中，以曹操的學問做得最大。其詩稱古直，文見清通，影響一代之文學。若以厚黑論之，則操詩文之長，正在於以黑取厚，以眞情率意的黑心，壓倒群雄。今傳世有曹操注《孫子兵法》，史稱其「擥申、商之法術，該韓、白之奇策」，則可知其治國、用兵皆承黑學正統。

劉備之學則可窺其敕後主劉禪遺詔而得之。他勸諭劉禪：「可讀《漢書》、《禮記》，；閒暇歷觀諸子及《六韜》、《商君書》，益人意智。」可知其立足儒學，旁及兵、法。以厚立身，亦時間出黑道。

孫權之學則可由其教導呂蒙、蔣欽之言，窺其大略。其言曰：「孤豈欲卿治經爲博士邪？但當令涉獵見往事耳。卿言多務孰若孤，孤少時歷《詩》、《書》、《禮記》、《左傳》、《國語》，惟不讀《易》。至統事以來，省之史、諸家兵書，自以爲大有所益。如卿二人，意性朗悟，學必得之，寧當不爲乎？宜急讀《孫子》、《六韜》、《左傳》、《國語》及三史。孔子言『終日不食，終夜不寢以思，無益，不如學也。』光武當兵馬之務，手不釋卷。孟德亦自謂老而好學。卿何獨不自勉勖邪？」則可知孫權治學亦頗有功底。其所重者，一儒一兵也；其所以爲榜樣者，光武與孟德也。則其厚黑兼攻，可知矣。

呂蒙領其教，不數年間，便卓然有成，令魯肅刮目相待，使關羽身首離異。可知其厲害之至矣。諸君若有意修厚黑之學，張子房之言不可聞矣，從孫權斯言可也。

是以學至三國而一分爲三，千百年來人們談論不倦。余以爲中國厚黑學，從理論建樹來看，合則以《老子》爲最高，分則無過於儒、墨、道、法、兵、縱橫諸家，後世之論頗多，然不能越其藩籬；從實踐運用來說，合則以劉邦君臣爲典範，分則以曹、劉、孫三家爲楷模。故後世統一天下者，多效法劉邦之所爲；割據鼎峙者，多以三國相比譬。不亦宜乎！

厚黑孰先

宗吾先生主張厚先於黑，習厚黑者，先從厚字入手，可稱厚黑正道。

厚與黑的修習有沒有先後之別？答曰：「厚黑的修習本無先後之別，宗吾先生爲便於講授置厚於黑之前，也體現了他的一片苦心。

《厚黑經》曰：「有失敗之事於此，君子必自反也，我必不厚；其自反而厚矣，而失敗猶是也，君子必自反也，我必不黑；其自反而黑矣，其失敗猶是也，君子曰：反對我者，是亦妄人也已矣！如此則與禽獸奚擇哉！用厚黑以殺禽獸，又可難焉？

經書明確說明習厚黑者，首先修習厚，厚之不足恃，則濟之以黑，黑之猶有不成，則厚黑兼而倍之，直至大獲全勝方止。可見宗吾先生主張厚先於黑。習厚黑者，先從厚字入手，可稱厚黑正道。試以曹劉案例言之。

曹公初任洛陽北部尉時特別認眞，執法甚嚴，然而不僅沒有被提拔，反而被逐出京城當上了頓丘小令。他退而自省，知己所不足者厚也，所以隨後即被朝廷徵拜爲議郎。拜爲議郎以後即學會了明哲保身，雖有建言，亦適可而止。可見曹操於厚字訣亦有體會和心得。後來征伐之中扯上「勤王平叛」的大旗，扯上「賢明寬厚」的大旗，但猶有失敗之事，所以張繡復反後，他發狠道：「吾降張繡等，失不便取其質，以至於此。吾知所以敗。諸卿觀之，自今已後不復敗矣。」由此可見曹公由厚入黑的路線，可見曹公正是按《厚黑經》所修定的路線行事。

劉玄德之所以能抗操者，厚也。《九州春秋》載劉備之言曰：「今指與吾爲水火者，曹操也，操以急，吾以寬；操以暴，吾以仁；操以譎，吾以忠；每與操反，事乃可成耳。」此乃劉玄德於屢番失敗之後總結出來的抗操法則。此法則正是與「黑」相抗的「厚」。向行「厚」字訣的劉備，當劉璋發其謀，「厚」字再也遮不住了，便兇相畢露：「先主大怒，召璋白水軍督楊懷，責以無禮，斬之。乃使黃忠、卓膺勒兵向璋。」看來劉玄德厚學功底深厚，偶涉黑學亦威力無比。

曹劉之術雖各有專擅，但他們對厚黑的探索卻是異曲同工，殊途同歸。他們不拘於門戶之見，能厚且厚，當黑即黑。宗吾先生推曹操爲三國時的第一位英雄，並不是因爲宗吾先生偏愛於黑，大略因爲曹操占的地盤大些。劉備屈居第二，並不是厚之威力有遜於黑，只緣劉備白手起家，沒有佔得起跑的便宜。

所以厚與黑本沒有先後強弱之別，厚從臉皮說來，相當於外，相當於陽，黑從心子說來，相當於內，相當於陰。陰陽本無先後強弱，陽之至極則陰，所以魯迅說「劉備寬厚近僞」；陰之至極則陽，所以魯迅稱讚曹操說：「至少算得一個英雄！」

宗吾先生之所以把厚字置於黑字之前，還是希望世人不要一開始便把臉撕破，只有迫不得已時，才來一個「你不仁，我不義」。

釋「厚」

宗吾先生曰：「三人行，必有我師焉。擇其厚黑者而從之，其不厚黑者而改之。」

我們的祖先創造這個「厚」字，的確是很不容易。他們仰觀象於天，俯觀法於地，近取諸身，遠取諸物，方始造得這個「厚」字。

《說文解字》曰：「厚，山陵之㫗也。」即說明「厚」字的造作乃受山陵的啓示，揭示了山陵的一大特性。今習「厚黑」者，如果要於「厚」字有所體會，正可從山陵入手，格物致知，領會「厚」字之至深妙道。古人云：「仁者樂山」。所謂仁者，即於「厚」道很有修爲的高人。他們爲何要「樂山」呢？正是從山陵體會其厚之妙道。由此可知我言不虛。

「厚」篆文作「𠩺」，從厂，從㫗。厂，乃山陵之形；㫗乃其音，兼表義。可知「厚」乃後起之字。請溯其源。

《說文解字》釋「㫗」曰：「㫗，厚也，從反亯」。釋「亯」曰：「亯，獻也。高省。曰象熟物形。經曰：祭則鬼亯之。」

「亯」字今作享，其篆文本義爲人將熟物敬奉與鬼神享用。而「㫗」乃「亯」之反，即不奉鬼神而自奉。可知「㫗」之本義乃不奉人而自我獨享。

追溯「厚」字的本義，可知對我們研習「厚黑學」極有裨益。「厚」字得山陵之深厚、博大、威武的氣象，而其內藏的卻是「不奉人而自奉」。爲何「不奉人而自奉」被稱爲「厚」呢？我想這自奉即是肥自己，撈滿自己的腰包，當然要稱爲「厚」。

「厚」字如何與「忠」、「樸」等連在一起變成了一個具有讚美意義的字眼呢？我以爲有這樣幾種可能。其一，這「厚」字附屬在「忠」字之後，類似於附屬在「味」字之後，本來表示其「味」之深長，「忠」之深沉，由於人們把這種結構誤解爲並列關係，所以這「厚」字便詞性色彩發生了變化。諸君若不信吾言，請去找漢語研究家去討教。

其二，這「厚」字可能在古代被看作人的一種天性。一個人如果不會拿著食物往自己嘴裡送，而專拿去奉給鬼神或其他人物，此人必定是假以有爲，而非天性使然。所以一個人有自奉的嗜好，並不視作道德的淪喪。所以聖人云：「食色，性也。」也就是將這「厚」字視作人的天性。我們祝願朋友好好愛惜自己，每每囑咐道「願君善自珍攝」，這就是要朋友努力去行「厚」的事情。所以這「厚」字不過是人的一種天性與本分，人們遵守天性與本分，當然是「厚道」的事，而不是虛僞與強盜的事。諸君如若不信，可去與道德家商量。

其三，這「厚」字有藏在心中的和擱在臉上的兩種。前者即心厚，後者即臉厚。世人於此二厚本各有偏愛，後由於厚黑家漸多，「旱」字遂不通行，而「厚」字大行。這便是大僞世界的到來。諸君若不信，可與厚黑家討論。厚黑家所在必有，宗吾先生曰：「三人行，必有我師焉。擇其厚黑者而從之，其不厚黑者而改之。」此即「萬物皆有厚性」、「即心是厚」之謂也。諸君悟得此「厚」字之味否？

《六字眞言》發微

這一對六字眞言，不可孤立來看，要能融會貫通，才能翻手為雲，覆手為雨。

宗吾先生發明求官六字眞言曰：「空、貢、沖、捧、恐、送」；又發明做官六字眞言曰：「空、恭、繃、兇、聾、弄」。前六字俱是仄聲疊韻，後六字俱是平聲疊韻。宗吾先生於《厚黑使習錄》不曾說明如此講究音韻的用意，到後來宗吾先生作《厚黑叢話卷二》見世人不知其奧妙便指點云：「每六字俱是疊韻，念起來音韻鏗鏘，原欲宦場中人朝夕持誦，用以替代佛書上的唵嘛呢叭嘛吽六字，或南無阿彌陀佛六字。倘能虔誠持誦，立可到極樂世界，不比持誦經咒或佛號，尚須待諸來世。」宗吾先生其用心何其善也！

余學習宗吾先生《六字眞言》頗有心得，試列述如下，就正於海內外方家。

其一，宗吾先生之所以列出兩個六字眞言，而不列為兩個五字眞言或兩個七字眞言，正是為取六六大順之意。兩個五，則諧音「兩個無」，那不成了人財兩空?兩個七,加起來是「十四」,那諧音便成了「要死」。所以兩個六,聽起來就吉祥,做起來也順溜。咱們中國人出門都要選個好日子,這求官做官都是寄託終生的大事,怎能不慎重對待。

其二,這一對「六字眞言」也有重點。宗吾先生於「弄」字下有闡釋云:「千里來龍,此處結穴,前面的十一個字,都是爲了這個字而設的」。這就說明宗吾先生的一對「六字眞言」不是平均用力的,有的是根,有的是苗,有的是果。這個「弄」字就是「果」。求官與做官圖的是什麼呢?宗吾先生以爲就是圖這個「弄」字。見要他當官,他便嚇得要命的人,自三王以來並不太多,所以《晉書·宣帝紀》有云:「是故五帝之上,居萬乘以爲憂;三王已來,處其憂而爲樂。」《韓非子·五蠹》有云:「夫古之讓天子者,是去監門之養而離臣虜之勞也,故傳天下而不足多也。今之縣令,一日身死,子孫累世絜駕,故人重之。是以人之於讓也,輕辭古之天子,難去今之縣令者,薄厚之實異也。」可知爲官者,上至赫赫帝王,下至芝麻小吏,皆爲一個「利」字。當人民「公僕」者,那是很願意讓賢的,因爲做公僕會忙得「股無完胈,脛不生毛」;爲人民「父母官」者，那是很不願意丟掉紗帽的，因爲「三年清知府，十萬雪花銀」。如果不以「弄」字爲出發點的官兒，那官兒一定不是拼命鑽營而來的，而是別人強加給的，很有被別人罷免的可能。

其三，這一對六字眞言，不可孤立來看，不可割裂開來。正如武術中的套數，不是只憑一招一式就可以打遍天下無敵手。正如鑽研《易》學，不是只知一卦一爻，便能得天地之先機，明人事之休咎。所以這一對六字眞言要能融會貫通，才能翻手爲雲，覆手爲雨。

同時也要能發揮自己的特長。長於捧者，不妨一捧到底，長於送者可大送特送。若不知其所長，揚其所長，必難做出大手筆，儘管撈個官，也不過是個芝麻小官，難以過足官癮。所以僅有某一方面天賦的人，請不要氣餒，累官固不失州郡。有多方面天賦的人，請不要虛擲年華，愧對上天垂青之恩與父母養育之苦，要記住非常之人才能成就非常之業。

其四，宗吾先生雖標列爲求官六字眞言與做官六字眞言，其實二者並非不可打破、重合。比如求官六字眞言中的「送」字，未嘗不可兼濟做官之六字訣法門。若有了「送」字訣，那對待上司、上司的親戚朋友、丁役及姨太太的「恭」字便有了著落。那求官六字眞言中的「貢」字訣，若用到做官六字眞言的最後一招「弄」字訣中，那才叫「生財有道」。如此運用，則宛如八卦翻成六十四卦，奧妙無窮。

其五，宗吾先生於十二個字的闡釋，因爲時代侷限，更兼紙短情長，並沒有把其精義完全闡發出來，還需要我們進一步琢磨印證。比如求官六要訣，運用時要學會辯證法，不能照本宣科，食而不化。這「空」字訣，若你只知道「不工不商，不農不賈，書也不讀，學也不敎」，那你就成了一個混混。沒有一個正當的職業，誰敢要你？所以古者有漁、樵、耕、讀四業，被視爲正當職業，要舉孝廉，舉秀才，也有個身分。再如沖、捧、送之類，要知道被拍馬者之性情好尙，若是不喜歡「吹牛」的官兒，你在他面前大吹特吹，豈不壞事？若是那不喜歡當面吹捧的官兒，你在他面前捧他，他更是瞧不起你，那官帽如何謀得到手？所以這十二條要訣都須精心辨析，不可像程咬金那樣，耍完了就沒戲了。

其六，這一對六字眞言，不可須臾離之，亦不能放到面上。放到面上就被別人看破了，別人會軟硬不吃。例如蘇厚黑始將連橫之策之說秦惠王，一見面就全說好話，秦惠王聽了不耐煩下逐客令：「今先生儼然不遠千里而庭教之，願以異日。」蘇秦見「捧」不中，就來「恐」之術，但秦王更不理睬，以至「書十上而說不行，黑貂之裘弊，黃金百斤盡，資用乏絕，去秦而歸。……歸至家，妻不下紝，嫂不爲炊，父母不與言。」蘇秦之失敗，正在於這「捧」術與「恐」術還沒有學熟，被秦王一眼就瞧破了，所以對他失去了興趣。後來在家中苦讀一年以後再去見趙王，同樣使用「捧」術與「恐」術，但效果就完全不一樣了，「趙王大悅，封爲武安君。受相印，華車百乘、錦繡千純、白璧百雙、黃金萬溢以隨其後。」當然父母、妻嫂態度也完全改變了。可見蘇厚黑用同樣的口訣，卻前後效果完全不一樣。諸君不可不小心爲之。失敗了不要怪宗吾先生理論有誤，只怪自己學藝不精。

論「送」與「弄」學的藝術

採取「送」的手段的時候，不要忘記了「收」的目的。

宗吾先生於「求官六字眞言」的「送」字訣下有分解之語云：「送，即是送東西，分大小二種：大送，把銀元鈔票一包一包的拿去送；小送，如春茶、火腿及請吃館子之類。所送的人分兩種，一是操用金之權者，二是未操用金之權而能予我以助力者。」可見宗吾先生深知「送」字訣的奧妙，他告誡諸君在採取「送」的手段的時候，不要忘記了「收」的目的。若只管貼本地「送」，而不考慮連本帶利地「收」，那不過是蠢貨才會做的事，怎麼算得是厚黑學中的眞言要訣。

宗吾先生於「做官六字眞言」的「弄」字訣下又有分解之語云：「弄，即弄錢之弄，川省俗語讀作平聲。千里來龍，此處結穴，前面的十一個字，都是爲了這個字而設的。弄字與求官之送字是對照的，有了送就有弄。這個弄字，最要注意，是要能夠在公事上通得過才成功。有時通不過，就自己掏點腰包裡的錢，也不妨；如果通得過，任他若干，也就不用客氣了。」宗吾先生此言也非常精闢。這「弄」字是一個特別有韻味的字眼。張先因爲「雲破月來花弄影」之句而享譽不淺，被人稱作「雲破月來花弄影郎中」。王國維《人間詞話》有云：「『雲破月來花弄影』，著一『弄』字而境界全出矣。」可見「弄」之蘊藉風流。當世流行「玩文學」、「玩電影」之類，所謂玩者，弄也；弄者，弄錢也。不也是很風流蘊藉，境界全出！宗吾先生特別說明「川省俗語讀作平聲」，余以爲最能得其聲情。我們家鄉也有土語：「弄人」。這個「弄」字，若讀作平聲則哄騙之意，大抵與宗吾先生「弄錢」之「弄」相通。若讀作仄聲，「弄人」，則是續弦之意。所以宗吾先生特別強調讀作平聲，以見其原汁原味。宗吾先生釋「弄」字訣，又告誡諸君不要只顧「弄」的表面，還要知道有「散」的變通手法。

是以宗吾先生論「送」與「弄」都能全面地、辯證地看問題。諸君於此應該認眞領會，不能一知半解，淺嘗輒止。下面我們對周瑜與陳平應用此二字的得失成敗作些分析，以資借鑑。

《三國演義》寫周郎三番用計，三番皆被孔明識破，氣得金瘡迸裂，含恨而亡。觀周郎第二番失敗主要是「送」字訣沒有運用好。周郎首先設計美人計是要暗害劉備，無奈吳侯孫權捨得下妹妹，而吳國太卻捨不得孩子，打不了狼，反使美人計弄假成眞，反被人恥笑。「周郎妙計安天下，陪了夫人又折兵！」所以採用「送」字訣要心狠，不然就成了白「送」。一定要記住俗語「捨不得孩子，打不了狼。」其次採用「送」字訣要有必勝的把握，周郎既對岳父大人喬國老沒有辦法，又對吳國太束手無策，如何有取勝的把握？所以要記住另一個俗語：「不見兔子不撒鷹」。不然也是空忙一場。孔明對付周郎正是鑽了周郎的縫隙，也可以用兩個俗語來總結：用「不入虎穴，焉得虎子」，對付「捨不得孩子，打不了狼」；用「偷雞不成，反蝕一把米」，對付「不見兔子不撒鷹」。可謂棋逢對手，將遇良才。

所以於劉備、諸葛亮等人不能輕易用「送」字訣，孫權把荆州「送」與劉備，曹操聽了嚇得連寫字的筆也掉了。劉璋給劉備送物質、送士兵，到頭來也送掉了自己。我們於這些失敗的地方，要好好地總結其教訓。

陳平是以「愛金」而聞名的人物，很有「弄錢」的本領。周勃、灌嬰等開始看不慣他的作風，便向劉邦告他云：「平雖美丈夫，如冠玉耳，其中未必有也。臣聞平居家時，盜其嫂；事魏不容，亡歸楚，歸楚不中，又亡漢。今日大王尊官之，令護軍。臣聞平受諸將金，金多者得善處，金少者得惡處。平，反覆亂臣也，願王察之。」劉邦聽了也很懷疑，便責怪陳平最先的介紹人魏無知。魏無知很會說話，既不否定陳平有盜嫂、受金之事，又把自己的責任推得乾乾淨淨，他回答漢王說：「臣所言者，能也；陛下所問者，行也。今有尾生、孝己之行而無益於勝負之數，陛下何暇用之乎？楚、漢相距，臣進奇謀之士，願其計誠足以利國家不耳。且盜嫂受金又何足疑乎？」漢王無奈說不過魏無知，便把陳平本人找來訓斥，陳平老實交待表白道：「臣裸身來，不受金，無以為資。誠臣計劃有可採者，願大王用之；使無可用者，金具在，請封輸官，得請骸骨。」劉邦聞言，不僅沒有處罰他，反而對他陪不是，又賜給他許多錢物，並且還提昇他的官職，諸將皆由他監護，因而再也沒有人敢到漢王面前去說他「弄錢」了。

諸君可見陳平「弄錢」的本領實在是高，實在是妙！在公事上通得過也要弄，通不過也要弄。先把腰包撈飽了便好四處打點，那樣官位才坐得穩。陳平有「弄錢」的本領，也有「散錢」的能耐。劉邦後來從國府中專撥出黃金四萬斤，送給陳平花，憑其所為，而不查他的帳目。陳平三兩下就把它花光了，項羽的將領們因得了陳平大把的錢，也就失去了戰心。看來陳平花錢也有韓信將兵多多益善的本領。劉邦若沒有陳平這位會弄錢會花錢的天才，被圍困在滎陽城可能難得逃得出來。

唐人張固《幽閒鼓吹》戴有一則張延賞審案的故事。一次，張延賞受理了一件大案，並令手下人等好生追查。不料第二天早晨便於桌上發現了一張紙條，上面寫道：「錢三萬貫，乞不問此獄」。張延賞並不太理會，照樣進行追查。不料再一天早晨又於桌上發現了一張紙條，直寫「十萬貫」。張延賞見了此條便再不敢追查此案了。別人問他是什麼緣故不敢接著辦理此案，他答道：「錢十萬，可通神矣。無不可回之事，吾懼禍及，不得不止。」

張延賞的確深諳為官之道。若他繼續追查，不是身死，便是官丟。能拿得出十萬貫錢的，就肯定不是普通官吏與小民，不是皇親國戚，就是當朝巨公，怎麼能惹得起？能夠三番兩次於夜間遞紙條於桌上而不被發覺，就不是尋常之輩，欲取人首級也的確如探囊取物般容易。若張延賞沒有包公那樣的骨氣與後台，如何敢繼續辦理此案？所以「錢可通神」的故事，也應該引起「弄錢」者警惕。若「弄錢」者以爲十萬貫錢撈到手便可一勞永逸，下狠心要吞下去；等到送錢者玩點技倆，你便小命玩完矣。所以於「送」、「弄」之道不可不慎。

論「貢」的境界

「貢」字可以貫穿空、沖、捧、恐、送五字，統攝「求官」全術。

宗吾先生「求官六字眞言」曰：「空、貢、沖、捧、恐、送」。余以爲其要害只有「貢」字而已。「貢」字可以貫穿其他五字，統攝「求官」全術。何以言之：

余以爲「空」不過是告誡求官者要空出時間與精力以便去「貢」；而「沖、捧、恐、送」不過「貢」的四種方式方法。所以「貢」字之定義云：「有孔必鑽，無孔也要入。」正如我們現今的「關係學」所強調：有「關係」的要擴大「關係」，沒有「關係」的要發展「關係」。在這「擴大」與「發展」的過程中當然需「人力」、「物力」、「財力」以及「口頭表現能力與筆頭表達能力。」這些要素無非就是宗吾先生所列「沖、捧、恐、送」。獻身「關係學」的朋友，一定以爲我言不虛。

「貢」字亦有境界之分，要求「貢」得大官，必須達到最境界方能如願以償。不然，即使憑祖上的陰德忽然發達起來，官位也難以坐得長久。

王國維先生於《人間詞話》有云：「古今之成大事業大學問者，必經過三種之境界。『昨夜西風凋碧樹，獨上高樓，望盡天涯道』，此第一境也。『衣帶漸寬終不悔，爲伊消得人憔悴』，此第二境也。『衆里尋他千百度，回頭驀見，那人正在燈火欄珊處』，此第三境也。」余以爲厚黑學算得上「大事業大學問」，「貢」術也有此三種境界。「不才明主棄，多病故人疏」，即『昨夜西風凋碧樹』之第一境。於此第一境，即懷才不遇，抑鬱孤憤之徒所居。孟浩然本當居此境，後來名利心漸消，歸隱山林田園，脫離了此境。「路漫漫其修遠兮。吾將上下而求索」，即「衣帶漸寬終不悔」之第二境。於此第二境，即做官過於認眞，追求之心不改者所居。屈原當屬此中人物，但太認眞，只好自沉於汨羅江。「閒來垂釣碧溪上，忽復乘舟夢日邊」，即「衆里尋他千百度」之第三境。於此第三境，即苦苦追求多年以後，一言而致卿相之位者所居。姜尙即是第三境的代表人物。三國時的孔明、魯肅、荀彧皆是如此。

我們試把《三國演義》中孔明出山與徐庶求仕比較一番，就知道孔明之「貢」與徐庶之「貢」境界完全不同。徐庶輕身往見劉表，見劉表知賢而不能用，戀戀而不能去，遂轉而另求司馬德操指點出路。司馬德操責之曰：「公懷王佐之才，宜擇人而事，奈何輕身往見景升乎。且英雄豪傑，只在眼前，公自不識耳」。可見徐庶尙欠識英雄的慧眼。其後往投劉備，又不徑直去見，卻於市中以歌動之。歌曰：「天地反覆兮，火欲殂；大夏將崩兮，一木難扶。山谷有賢兮，欲投明主；明主求賢兮，卻不知吾」。如此狂歌於市，大有叫賣之嫌。初見劉備即獻妨人之計以相試探，劉備即作色曰：「公初至此，不教吾以正道，便教作利己妨人之事，備不敢聞教。」徐庶的這一試探，的確並不高明。這些「貢」的技法都不夠純淨，頂多可算第二境界。

孔明之出山，先有司馬德操、徐庶的兩番誇讚之辭，又有隆中三顧的曲曲折折，一朝相遇，即有魚水之歡，一席對言，即定天下三分。孔明所採取「貢」的技法乃不「貢」之「貢」。己不求人，反使人來求己，三顧之後乃肯出山，可謂前無古人，後無來者。與徐庶之術相比其格調與境界不可同時而語。

可知若這「貢」字用得好，用不著借什麼金剛鑽四處去鑽孔，安居室中便有征闢車馬不絕。到那時候，你不想為官只好像伯夷、叔齊那樣餓死在首陽山。

辦事二妙法

宗吾先生總結古今興衰成敗，歸納出辦事二妙法，即鋸箭法、補鍋法。

此二法都來源於前代流傳下來的兩則寓言故事。一則曰：有人中了一箭，請外科醫生治療，醫生不用鉗子、刀子，只用鋸子將箭杆鋸下，便稱手術完成了，即向傷員索取手術費。傷員問他為什麼不把箭頭取出來?他說：那是內科的事，你去找內科醫生。此即「鋸箭法」的故事原形。「鋸箭法」在現實生活中運用頗廣，只要你稍稍留心，所在皆有。學生在學校不遵守紀律，教師不去管束，反要把這任務交給家長去辦。警察抓住違章者，不加強教育，罰款若干，便可走路。諸如此類都是採取「鋸箭法」。

又曰：做飯的鍋破了，請補鍋匠來補。補鍋匠一面用鐵片刮鍋底的煤煙，一面趁主人不備，順著裂痕打了幾下，使得原來的裂縫增長了許多，要多幾個釘子才補得好。等到鍋底刮乾淨，主人既驚異又感激，說：「今天不遇著你，這鍋子恐怕不能用了！」等到補好，主人與補鍋匠皆大歡喜。這便是「補鍋法」的故事原形。現實生活之中，也多得很。補鞋的、補胎的，凡是帶「補」字的都有這麼一手。好兵師克最擅長這一手。

把這「辦事二妙法」拿來驗證東漢末年的政治，最能識其大體。

東漢末年靈帝即位以後，大將軍竇武、太傅陳蕃等人相謀誅除專權的宦官，機事不密，反爲所害，由此宦官勢力越來越大。時有宦者張讓、趙忠、封湍、段珪、曹節、侯覽、蹇碩、程曠、夏惲、郭勝十人朋比爲奸，號爲「十常侍」，靈帝亦不敢得罪這些人。由此朝政日非，天下思亂，爆發了規模空前的黃巾起義。靈帝依賴盧植、皇甫嵩、朱儁等人好不容易平定了黃巾起義，但靈帝並不由此重用盧植等人，照舊親信「十常侍」。劉陶、陳耽皆因上諫指斥「十常侍」之罪而被下獄謀害。靈帝所採取的治國之術即「鋸箭法」。只把黃巾起義這隻箭杆鋸掉便算完事，也不管是誰放的箭，也不管箭頭在肉中取出來沒有。

後來靈帝駕崩後，何進領兵入宮，扶立太子辯即皇帝位，並聽袁紹之言，欲盡誅宦官。其妹何太后阻止何進曰：「我與汝出身寒微，非張讓等，焉能享此富貴?今蹇碩不仁，既已伏誅，汝何聽信人言，欲盡誅宦官耶？」何太后便是要學習靈帝採用「鋸箭法」，只鋸掉蹇碩這根箭杆，便見好就收。

而在何進旁邊出主意的袁紹等人便是要採取「補鍋法」。曹操知道何進、袁紹都有拿錘敲鍋的意思，所以嘆道：「亂天下者，必進也。」

何進請來的董卓更是明目張膽要敲鍋的人。又因董卓之亂，群雄並起，大家都參加了敲鍋的隊伍。於是漢室的「鍋」就被這伙補鍋的工匠們敲碎了。

可知漢室之衰頹正是由於靈帝運用了「鋸箭杆」的國策；漢室的滅亡正是由

於何進等人雇用了「補鍋」的巧匠。此二法可謂具有傾城傾國的威力，不可等閒視之。

「怕畏」之學

怕學之道，在止於至善，爲人妻步於嚴，爲人夫上於怕，家人有嚴君焉；妻之謂也。

宗吾先生有《怕老婆哲學》一文，以爲五倫爲我華夏立邦之本，而到近代以後五倫漸喪，君臣是革了命的，父子是平了權的，兄弟朋友淡如水，只剩下了如膠似漆的夫婦一倫。世間丈夫愛妻寵妻，遂由愛得深而轉爲怕得很。今後的立國之本，恐怕要建立在怕妻畏妻之上。

宗吾先生可謂高瞻遠矚，能洞察潮流變化把握時代脈搏。不過這「怕妻的哲學」也不過是其厚黑學的一個分支。宗吾先生以劉備先生爲其怕學的開山祖師，好比以菩提達摩爲禪宗的開山之祖，菩提達摩正是大乘佛敎的謫傳弟子。

劉備之怕妻，主要是指他怕孫夫人。他對於別的夫人並不怎麼怕，所以早年四處奔波也沒有一個地方落腳。晚年孫夫人竟然別他而去，他又無人可怕，所以興復不了漢室，淒淒慘慘地死於白帝城。遙想玄德當年，小孫初嫁了。枯楊生稊。紅綃帳內，英雄常爲美人屈金膝。

劉備先生於厚學造詣頗深，所以於怕妻之學也觸類旁通，爲後世怕學立一豐碑。怕妻之學其精要亦不過臉厚二字。是以宗吾先生《怕經》有云：

妻子有過，下氣怡色柔聲以諫。諫之不入，起敬起畏。三諫不聽，則號泣而隨之。妻子怒不悅，撻之流血，不敢疾怨，起敬起畏。

如此敬畏恭謹，非臉厚之人，焉能做得來？是以欲學怕妻之術，先得苦練厚臉基本功。臉厚之後，既而參以種種獻媚討好之術，獲取其歡心。古人之所以要從修身、齊家做起，就是首先要在家中練就好基本功。若能討得了妻子的歡心，受得下妻子的閒氣，此人的馬屁與厚臉兩樣基本功就可謂練就了。孔夫子就曾感嘆過：「惟小人與女子難養！」聖人都犯難的事，你能不費力氣地完成好，能說不是已很有成就嗎？

宗吾先生所著《怕老婆哲學》大約受了明代通俗小說《醋葫蘆》的影響。此書之中便撰有《怕婆經》一部，諸君若讀完宗吾先生之經，意猶未足，可再去拜讀《怕婆經》。

《怕婆經》的撰述者都氏曾發表過一段高論，她認爲古今凡成大事業大學問者皆有「三畏」，即幼時畏父、婚後畏妻、老年畏子。幼時畏父，便會立志向學，長大有成；婚後畏妻，便會立業立名，不去沾花惹草；老年畏子，便會珍惜餘年，保持晚節。是以世人以早年喪父、中年喪妻、晚年喪子爲人生三大不幸，正是因爲害怕失去畏懼的對象。若是早年既不畏父的人，到了中年應該立志向善，走畏妻之道，也是亡羊補牢，未爲遲也。那些討了老婆忘了娘的人正是知道「婚後畏妻」於人生有莫大的裨益。那些有見識的母親見兒子如此也一定由衷地歡喜，必謂其子得其所懼矣！

試論荊楚、吳越、巴蜀之短長

楚人東不及吳越隱忍之士，西不及巴蜀飽學之士。

楚人好自吹自擂，云「惟楚有才」，余每不自信。余以為楚人東不及吳越隱忍之士，西不及巴蜀飽學之士。君若不信吾言，請為足下試作比較。

楚地人物足以自豪的在古代有老子、莊子、屈原、伍子胥、文種、項羽，以後若干代則難以舉出驚天動地的人物，不過出了鍾相、楊麼以及陳友諒諸不成氣候的草頭王。老、莊皆為當今河南人，實乃中原之士，不算道地的楚人。屈原故里在當今秭歸縣，雖然屈原稱得上道地的楚人，他雖深得「西來爽氣」的浸潤，但也被楚王整得死去活來，葬身魚腹。伍子胥為楚人，但在楚國不得意，父親也被楚平王殺了，只得逃到吳國去。雖然後來藉助吳國勢力攻破楚國，鞭楚王之屍以報父仇，但終究還是被吳王賜劍自盡。觀其發跡亦在吳國，且終因鬥不贏吳王夫差而送命，算不上楚國的驕傲。文種乃楚國郢人，在楚國混得不得意，便跑到越王句踐手下去打工，雖幫助句踐滅吳有功，但最終也被句踐賜劍自盡。同樣算不得楚人的驕傲。項羽爲楚人之後，其雖生長於江浙，其血性並未改變，失敗後自刎烏江。楚人難以引爲自豪。

江浙之人就大不一樣。句踐與孫權皆是以隱忍著稱的君王，即使出漢奸也是赫赫有名的人物。秦檜，江蘇南京人也；汪精衛，浙江山陰人也。楚人之中，無人可與匹敵。可知楚人自稱「惟楚有才」是說大話。

自秦始皇以來，總是害怕江浙有帝王之氣，不曾擔心帝王之氣從雲夢澤中蒸騰而起，可見荊楚不若吳越，明矣。

余每嘆天下才子何以皆出於四川。作辭賦有揚子雲、司馬相如富麗並稱，作詩有李太白天縱之才，作文有「三蘇」彬彬之盛。中國文學於此極矣。楚人之中惟有屈原可與並壘。即如現代號稱文豪者，郭沫若四川人也，巴金四川人也。可知四川才子甲天下。

四川之學術亦非同小可。宗吾先生曾著《中國學術之趨勢》，被稱爲學術扛鼎力作。此書第二章專論「宋學於蜀學」，考證甚爲詳實，大有「學在蜀中」之意。中國學術起源於往古，大盛於周末。此時因與蜀中隔絕，不知蜀中文化深淺。至秦漢以後漸與蜀中溝通，中原學術被文翁等人傳播介紹於蜀中以後，天下隱微之學遂於蜀中發展到了一個不可思議的高度。竟然中原飽學之士的學問猶不及川中箍桶翁、賣醬翁領會精微，可見蜀人文化素質。可見川人自稱「學在蜀中」不是妄言。

由此觀之，宗吾先生的後學不可不往吳越及巴蜀遊歷，偶得異人指點，必如張良先生獲益於黃石公。楚荊之地反正是可去可不去，那屈原便是自沉於汨羅江，那賈誼便是屈死於長沙，那杜甫絕筆於洞庭湖，好不讓人感傷。

我乃荊楚之人也，自幼便聞俗語云：天上九頭鳥，地下湖北佬。實際上湖北佬沒有多少響噹噹的東西，不過有時候耍點猾，挾點詐，臥龍先生之所爲是也。

書分三類

宗吾先生曾云：「世間的書有三種，一為宇宙自然的書，二為我腦中固有的書，三為古今人所著的書」。

我們說李宗吾的《厚黑學》是「以古爲敵」的傑作，其策略類於孔明，不是憑空說來的，而是宗吾先生自己透漏的。《厚黑學》一鳴驚人，正像《三國演義》中孔明一登場便火燒新野不同凡響，所以李宗吾的許多學問是從孔明那兒抄來的。宗吾先生曾說：「古今政治家，推諸葛武侯爲第一，他讀書也是只觀大略」。可知《厚黑學》從三國故事而來，宗吾讀書方法也得孔明眞傳。

宗吾先生曾云：「我認爲世間的書有三種，一爲宇宙自然的書，二爲我腦中固有的書，三爲古今人所著的書。我輩當以第一種、第二種融會讀之，至於第三種不過藉以引起我腦中蘊藏之理而已，或供我之印證而已。」

宗吾先生於書的見解，我是特別佩服的。第一類書是天地間的無字書，大凡能推動人類社會進步，洞徹人類與世界之眞諦的人物，都是於此書有得。第二類書實與第一類書同爲一體。沒有我的頭腦，我如何感知得到第一類書的意蘊。「天地有大美而不言」，天地有大美之存在，正需要我輩才領會得來。「萬有引力」存在了百世萬劫，直等到牛頓出來才領會到。研究人與社會的學科與書籍紛繁至盛，此中眞僞虛實本我腦中固有，不必求於人，求於己即可，正如孔門學說無不是從由我及人推來。

第三類書是常人讀得最多的。得益的人多，受害的人也多，即如古人所打的比方，到水中是爲了學游泳的，但被淹死的人正是遠離了自己的所望。古今人所著之書，的確浩如煙海，如果每一本都想仔細精讀那是根本不可能的，需要採取一些巧辦法。吾宗先生說：「我讀書的秘訣，是『走馬看花』四字，甚至有時走馬而不看花。」

宗吾先生把第三類書當作引發之物或印證之物，最能得其精髓，觀其大略。譬如讀某人之著，我不同意其觀點而寫出一篇相對立的文字，即是他人之書對我的引發；或者我同意其觀點，而嫌其不豐富與細緻，擴充之而成宏篇，則同有印證與引發之效矣。如讀他人之書，不採取此法，必不得要領，反添煩惱。

孔子云：《詩》可以興、觀、群、怨。所謂興，不外是引發；所謂觀，不過是印證；群和怨乃從興與觀而來，沒有興、觀是無論如何也群、怨不了。可見宗吾之說是符合於聖人要諦的。聖人之說一經厚黑教主闡發的確要明瞭而實用了。如果讀書之人不是爲了求消遣而是求實用，則不可不用心此等功夫。讀《厚黑學》、讀《韓非子》，要能跳得開又收得回來。跳得開，就是引發，就是舉一反三；收得回來，就是印證，就是返本歸源。蘇秦用心揣摩太公《陰符》篇正是用的此種方法。凡求有所成就的人，不管你是修厚黑學，還是薄白學，還是物理或藝術，都可於此中品出三昧。如果讀書之人不過是爲了求得一時消遣，並不求實用，並不想了悟什麼大義與眞諦，那麼你把書倒著來看，切不可留意此法。因爲稍一留意，就會認眞起來，不是偏離消遣太遠了嗎？

煙幕彈的眞假

《厚黑學》是建立在性惡論的基礎上，對人性的善良也是持懷疑態度的。

翻完《厚黑大全》感到非常失望，《厚黑學》、《厚黑經》、《厚黑傳習錄》合起來也不過那麼一小部，其他都是正經八百的學問。李厚黑拿這麼一點煙幕彈來騙人，難怪《厚黑學》行時不久便滯銷了，活該。

即便是《厚黑學》、《厚黑經》、《厚黑傳習錄》也有許多可議之處。請君試聽我道來也。

首先文風便不對。作者於《厚黑學》緒論把寫作緣起交待得非常清楚：「我讀中國歷史，發現了許多罅漏，覺得一部二十四史的成敗興衰，和史臣的論斷，是完全相反的；律以聖賢所說的道理，也不符合。我覺得很詫異，心想古來成功的人，必定有特別的秘訣，出於史臣聖賢之外。我要尋它這個秘訣，苦求不得，後來偶然推想三國時候的人物，不覺恍然大悟，古人成功的秘訣不過是臉厚心黑罷了。由此推尋下去，一部二十四史的興衰成敗，這四個字確可以包括無遺；我於是乎作一種詼諧的文字，題名《厚黑學》。」可以看出毛病正出在「詼諧」二字之上。李先生讀二十四史，讀出「厚黑」二字來，並不是故意要與二十四史唱對台戲，而是一項非常嚴肅的發明，正如魯迅先生讀中國歷史從字縫中看出「吃人」二字一樣。對於這項嚴肅的發明而出之以詼諧的文字，必然損傷其嚴肅意義，即如發現了「吃人」的罪惡而繼續高喊只有多吃人才能成大人，並介紹一些如何吃人的食譜。雖然你說的是詼諧話，誰又能不持幾分疑懼。其次在這戲言中也是存有幾分眞意的，他對聖賢的道理是很抱懷疑態度的，對聖賢的爲人也不敢十分相信，這種懷疑態度在〈我對於聖人之懷疑〉一文中表現得尤其充分徹底。他對人性的善良也是持懷疑態度的，他的《厚黑學》正是建立在性惡論的基礎之上的。這種對人性善良的懷疑態度促使他著成了被稱爲厚黑原理的《心理與力學》一書，影響了他的整個學術思想體系。

當然，《厚黑學》如果不以詼諧的筆調寫來，李宗吾也成不了厚黑教主。儘管他的《中國學術之趨勢》被學者們稱爲扛鼎之作，但其影響卻遠不及《厚黑學》聞名遐邇。這的確是一種怪象，李宗吾雖然注意到了這點怪象，並力圖從理論上加以闡釋，但也並不能盡如人意。

宗吾父子研究

知根知底

我們得之於祖輩父兄，復使之於子孫後世。不應該忘記先輩的「扁擔」，不應該數典忘祖。

王侯將相有沒有種，我不知道；奮勉讀書之家有沒有根，我知道是有根的。宗吾先生之父算不算得上讀書人，可以爭議，但其父已具備讀書人的優點是不庸置疑的；並且宗吾先生之祖父、曾祖也都是有儒者之風的先輩。

宗吾先生之曾祖永枋公曾在匯柴口開染房，族中子弟有衣冠不整或酒醉者，將經店門，必莊攝其容才敢過。永枋公有如此威信，並非倚仗威武強力與疾言惡色，不過溫語慰問而已。知永枋公必有過人處。宗吾先生之父幼年曾在染房內學生意，每於夜間，永枋公講與先人逸事及遺訓；後宗吾先生又每得聞於其父。其父每云：「教子嬰孩，教婦初來」；「教子者以身教，不以言教」。這些陳舊的格言，即如陳年老酒，滋味是極深長的。爲人父者不細味於此，必將失之東隅，而推以他故。

宗吾先生之祖父樂山公，以務農、種小菜賣營生，為人樸訥，亦可謂性情中人。一年年終，割得肉十斤，將醃以過年。公自捉刀修割邊角，命婦往園中摘蘿蔔作湯，並囑曰：「大者留以出售，小者留俟長成，須一窩雙生，而又破裂不中售者。」其婦尋遍園中，未得一枚。及湯熟，樂山公先用瓢把湯勻分到碗中，後復傾於鍋中。婦詢其故，公曰：「我分給工人及家人，苦不能遍也。」不知者將以守財奴笑之，知者當辛酸感佩。

宗吾先生之祖母曾氏，為富家女，及嫁與樂山公，挑水擔糞，勞苦過於貧家女。歸寧之時，見娘家貓狗所剩之飯，己家欲食之而不可得，但毫無怨悔，只一意為李家操持。曾藏樂山公生平所用之扁擔，囑後人曰：「後世子孫如昌達，當裹以紅綾，懸之正堂樑上。」有如此女性，知中華民族所以綿延不衰矣。

從宗吾先生，上溯到他父親、祖父、祖母、曾祖，他們都貫穿著濃厚人情味及奮發向上的儒者精神。這一精神是李家的根，也是中華民族的根。我們都不知不覺地得到這一偉大之根的滋養。我們得之於祖輩父兄，復使之於子孫後世。當我們發達的時候我們不應該忘記先輩的「扁擔」，不應該數典忘祖。當我們正處貧寒的時候，我們不能妄自菲薄，窮斯濫也。只有如此我們才能歷貧賤而享富貴，眞正做到富貴不能淫，貧賤不能移。只有如此我們才能無愧於先人，無愧於後輩。

天性與習染

宗吾先生的天性與習染源於其父的胎教與潛移默化的薰陶。

宗吾先生還曾這樣聲明：「我生在偏僻地方，幼年受的教育，極不完全，爲學不得門徑東撞西撞，空勞心力的地方，很多很多，而精神上頗受我父的影響，所以我之奇怪思想，淵源於師者少，淵源於我父者多。」

的確宗吾先生與其父親本是一體的，《厚黑學》諸書的署名，還應該署上其父李靜安先生的大名，不過其父不願與兒子爭名罷了。宗吾先生好比高處結果的繁枝，其父則是那粗拙的樹幹。沒有宗吾先生結不出那皮厚心黑的碩果，沒有靜安先生那也就皮之不存，毛將焉附了。

宗吾先生嗜書的性情即源於其父的胎教與潛移默化的薰陶。靜安先生早年失學，歸家務農，勤苦治家，因勞瘁過度，年四十而得重病，遂放下家務而閉戶讀書養病，三年而病愈，又二年而得宗吾。宗吾之出生正是其父發憤讀書之末年，故性情沉靜，嗜書好理。宗吾先生曾舉蘇老泉發憤讀書生東坡與子由二文豪爲旁證，更舉其七弟事加以補證。其七弟所生之時，正是其父與鄰人爲產業鈎心鬥角糾葛種種之時，所以七弟爲人，精幹機警。其父母死、兄嫂死，喪事俱由老七一手操辦，嘗對宗吾兄訴云：「我無事，坐起，就打瞌睡，有事辦，則精神百倍，這幾年，好在家中死幾個人，有事辦，不然這日子難得過。」這老七眞有辦事的嗜好。這種嗜好與宗吾的嗜好一樣，乃其父胎教不輟的結果。而今將爲人父之靑壯年朋友，不可不愼這種瓜得瓜，種豆得豆的初始。

宗吾先生自省知識以來，即見其父有暇即看書，書不離懷。宗吾先生也養成了這種習慣，手中朝日拿著一本書。他看書並不是發誓要求上進，要讀書明理，只是覺得手中有書，心中才舒服，才安適。其父對其嗜書，既不阻止，也不要求，聽其自然。

如此天性與習染，讀起書來必定平和而深入，必定能達到「學而時習之，不亦悅乎」的境界。我們可以想見靜安先生放下手中的農活，拍打手中的塵土，從懷中掏出書就讀的興緻與風姿；可以想見宗吾先生拖著一根長辮子，跟在牛屁股後面，邊走邊讀書的神情與氣度。有其父，必有其子，可知此言不虛。

當今之世也有父子如此嗜書的。比如蹲在廁中不肯出來做功課的兒子必定是在開心閱讀，比如臥在床上不肯起來做家務的爸爸必定是在開心閱讀。有如此閱讀興趣，都可望成爲厚黑教主。諸君要有一點陳涉的自信，陳涉敢問「王侯將相寧有種乎？」諸君也應該問一句：「厚黑教主寧有種乎？」

予之齒者去其角

予之齒者去其角，傳之翼者兩其足。

宗吾先生的父親，書是讀了幾本，但宗吾先生卻從未見他寫過字，所以宗吾先生的書法也有些糟，不過比當今四處題字的大人先生的字還是要強些的。不信此言，可去瞧瞧宗吾先生贈給圖書館珍本上的題字。

宗吾先生曾訂有古姓娃娃親，古女之叔乃威遠秀才，以善書名世。宗吾先生有位關老師知道底細，便嘲道：「你這大筆一揮，將來怎麼好去見你叔丈人？」後來此女未過門而死，宗吾先生慶幸萬分，免去了在古府獻醜。

宗吾先生書法之差勁，也不是未用苦功，只怪那手爪不太聽話，所以他的同學雷鐵崖常說：「你那手爪確該拿來宰了！」

聽著老師和同學的嘲笑，再看著那作文上「字太劣」、「字宜學」的批語，是該淒然而泣下的。不過宗吾先生也會一點精神勝利法，他琢磨琢磨便從古人那裡找到了一個理由：「予之齒者去其角，傅之翼者兩其足。」

宗吾先生一方面自我解嘲，一方面鍥而不捨地苦練，不然的話，那只好像他父親一樣連一個圈也不肯畫畫，要動筆就喊兒子。所以宗吾先生的字到後來也寫得不算壞，不然也當不了秀才，做不了舉人老師。

古代的文人才子有相貌長得奇醜的，倒沒有聽說過字寫得奇醜的。因爲這美醜中很有學問。相貌之美醜是對一般人而言的，對我們古代看相的術士來說就不存在美醜之別。像劉備之相貌身材：雙耳垂肩，雙手過膝，完全不符合美的比例，但卻是萬人求的大富大貴之相。像張松那相貌身段：額钁尖頭，鼻偃齒露，身短不滿五尺。這額頭正是善鑽營的，這鼻齒正是善言辭的，這身形正是善陰謀的。所以普通人選於相貌艷色，不知美中之「俗」與「惡」，不知醜中之「雅」與「奇」。所以文人學士大筆一揮，筆筆見精神，字字有來歷。寫得正的，稱之整肅；寫得快的，稱之流利；寫得笨的，稱之古拙；寫得怪的，稱之奇逸。總之美則爲美，醜亦爲美，關鍵在乎功夫、精神、性格。所以宗吾先生的字雖然寫得笨一點，但正以古拙見長，普通人想學還學不來，不然怎麼說大智若愚，大巧若拙。所以大人先生也敢四處題字，理直而又氣壯。倘若那一天這世俗的人都變成了「藝術」的人，必定不以西子爲美，不以無鹽爲醜。那字也不需練了，只要能拙磨出意思就行；那琴也不需練了，擺著足矣；那聲也不需練了，會嚷就夠了。那麼宗吾先生不必自慚，大人先生之龍蛇亦也可永垂。不過，這世俗之人不肯變成雅人也不要緊，宗吾先生有文章解嘲，大人先生有官爵解嘲—「予之齒者去其角」。

書到用時但恨雜

宗吾先生著書立說注重實用精神，實踐理性精神。「書即世事，世事即書」。

宗吾先生讀書之法，原來是從他父親那裡學來的。靜安先生平生所看之書不多，最喜歡且經常看的是《聖論廣訓》、《劇心要覽》，其他還有《楊椒山參嚴嵩奏摺及遺囑》、《朱柏廬治家格言》、《三字經注解》、《四書》講書，以及

《三國演義》、列國演義之類。特別於前二種用心揣摩，用以修身，用以治家。所以他讀書重實用，不貪多貪奇。他曾經批評告誡宗吾道：「你的書讀破皮了；書是拿來應用的。『書即世事，世事即書』。你讀成『書還書，我還我』去了。」所以宗吾先生著書立說都貫穿著注重實用的精神，即當今思想家們所說的實踐理性精神，他的《社會問題之商榷》、《考試制之商榷》都是與實際直接相連的，即便是《中國學術之趨勢》，也是力圖鋪平現代與古代、西方與東方融合的新路。宗吾先生養成了平居無事便尋些問題來研究的習慣，養成了拿書與世事兩相印證的習慣，因而往往能讀書得間，能以書縫裡瞧出一些問題來，能解決一些實際問題，能揭穿一些普通人乃至聖人的滑頭與黑幕。

靜安先生還曾告誡宗吾先生曰：「書讀那麼多做什麼？每一書中，自己覺得那一章好，即把他死死記下，其餘不合我心的，可以不看。」這種對待書的態度，這種閱讀的方法，可以說最適合於謀生的普通人和駕馭世界的偉人。書讀得多，以讀書爲生，那是學者的事。學者雖知識淵博，腹笥殷富，往往爲書所縛，難以超越書本。爲謀生的普通人和想駕馭世界的偉人，他們沒有條件和時間來廣泛閱讀，只好採取實用主義的態度，這就是靜安先生的方針。他們讀書不求多，但求精，不必先生講疏，只是自己用心領悟。他們往往能得其精義，識其大體。學者們往往身在廬山，多歧亡羊。

宗吾先生得父親之指點，讀起書來，採用走馬看花的辦法，遇著愜心的地方即用心記住，反覆咀嚼，然後「一而二，二而三，推究下去」，便將書本與世事貫通起來了。

古人云：半部《論語》治天下。一方面說明《論語》的奧妙不凡，一方面也說明這治天下的人懂得讀《論語》的法子。如果不會靜安先生所指點的方法，不僅半部《論語》治不了天下，即便是更添上《四庫全書》也奈天下不得！當道諸君，宜好好學習李氏父子讀書法，否則，《厚黑學》也不濟於事。

疑團與怪異

宗吾先生是一個喜歡鑽牛角尖的人，從少年得了這個疑團，便一直存放在心中。

宗吾先生的字雖然寫得古拙一點，但其文章卻是極新巧的。他曾自詡：「無有新異的文字，我是不喜歡寫的」。不過，這新異也是他父親大人傳授與他的。

靜安先生讀了宗吾的八股習作，曾發過一通怪議論質問兒子：「你們開腔即說：恨不生逢堯舜禹湯之世，那個時候，有什麼好？堯有九年之水患，湯有七年之旱災。我們農家，如果幾個月不下雨，或幾個月不晴，就不得了，何況九年七年之久！我方深幸未生堯舜禹湯之世，你們怎麼朝朝日日的希望？」

這一通議論說給樵夫農人聽，必定都能接受，不以爲怪；但說給堯舜禹湯的道學先生聽，必定以爲大逆不道；先生這樣訓導學生，必定難以保住飯碗；但父親訓導兒子，兒子只得將信將疑。

宗吾先生又是一個喜歡鑽牛角尖的人，從少年得了這個疑團，便一直存放在心中。等到成年以後便打破了這個疑團，著成了一篇《我對於聖人之懷疑》的論文。可惜靜安先生此時已作古，不然見了此文一定舒心得很。

靜安先生也不時拿題目來考考兒子。有一次見宗吾讀《論語》便問道：「這章書怎麼講？子曰：『賢哉回也，一簞食，一瓢飲，居陋巷，人不堪其憂，回也不改其樂，賢哉回也。』顏回朝日讀書，不理家務，猶幸有簞食瓢飲，如果長此下去，連簞食瓢飲都莫得，豈不餓死了？」宗吾當時回答不上來，後來又一連問了幾回。過了一段時間，宗吾先生才把答案想清，等到父親再問，他便答道：「這個道理很明白，顏回有他父親顏路在。顏路極善理財，於何征之呢？《論語》戴：『顏淵死，顏路清子之東，以爲之椁。』你想：孔子那麼窮，家中只有一個車子，顏淵是孔子的徒弟，他都忍心要賣他的車子，叫孔子出門走路，可見顏路平日找錢之法，無微不至。顏淵有了這種好父親，自然可以安心讀書，不然像顏淵這種人，叫他經理家務，不惟不能積錢，恐怕還會把家務賣光。」

靜安先生聽了兒子的答覆，掀髯大笑。從此後，不再叫兒子講這章書了。

《論語》的這章書我是讀過的，如何沒有這樣想？原先心裡總責怪孔子太小氣，不太講義氣，喜歡擺擺出入都有車的闊架子。沒有想到顏路是個會找錢的人，連孔子也想敲一筆。孔子當然知道其為人，所以婉言謝決，決不上當。我原先也是很佩服顏淵的，今天才恍然大悟，顏淵正是靜安先生所批評的那種讀書讀破皮的人，不會把書拿來應用。子貢就比他強得多。又會神吹，又能找錢。

這答案，靜安先生一定早就想好了，不過想與兒子宗吾印證。宗吾苦思而得之，父子抵掌而笑。

由此我又想到，靜安先生與宗吾是不是也與顏路與顏淵父子相類呢？顏路是不是也與顏淵討論堯舜禹湯的問題呢？不然的話，顏路為何要供奉顏淵去跟孔子去讀那些書？

異端與正統

在思想上注異端上引導，正是讓其思想不受束縛，了解到正統與異端兩個方面。讓其思想能夠作全面而深刻地了解。

靜安先生還曾問宗吾道：「孟子說：『今人乍見孺子將入於井，皆有怵惕惻隱之心。』這是孺子入井，我站在旁邊，才是這樣，假令我與孺子，同時入井，我當如何？」宗吾茫然不能答，其父即代答道：「此時應先救自己，第二步，才來救孺子。」宗吾對父親這段議論也是半信半疑，這也成了一個大疑團，後來著成了《心理與力學》一書，尋出了孟子性善說的破綻，尋出了宋儒的誤點。

靜安先生如此這般把兒子往異端上引導，是極大膽的。自稱「正統」的迂夫子是連想也不敢想的。在思想上往異端上引導，正是讓其思想不受束縛，讓他見到正統與異端兩個方面，讓其思想能夠活活潑潑地流淌，能夠作全面而深刻地了解。

這種引導起來是一種危險的行爲，其實也並不是孤立而行的，而且這種引導主要是針對書本的，對於爲人處世，還是強調的嚴謹溫厚，注重「以身教，不以言教」。所以這異端與正統並不衝突矛盾，而是和諧的統一。

宗吾先生很欣賞同鄉王翰林的一副對聯：「觀書當自出見解，處世要善體人情。」與其說這副對子是王翰林的自勉語，還不如說它是靜安先生的教子方針。他與兒子的切磋討論，都強調能自出見解，而這些見解都不是詭辯之辭，而是從體會人情而來，因而會有眞理的因素，對兒子有極大的啓發作用。

靜安先生還曾這樣訓導宗吾：「凡與人交涉，必須將他如何來，我如何應，四面八方都想過，臨到交涉時，任他從哪而來，我都可以應付。」這正是訓導宗吾如何處事。宗吾把這處事的方法也用到作文上來。他作文特別用心，得了題目之後，「坐著想，站著想，晚在床上想，睡在板凳上想，稿子改了又改，一個題，往往改兩三次稿，稿子做得稀濫」，當然等到交出去，別人就拍案稱奇，稱其天資高，妙筆生揮。

望子成龍是父母的共同心願，能否如願，與教育方法有極大的關係。宗吾先生有位同學名叫王天衢，其父在鎮上當老板，也很喜歡讀書，訓教極嚴。天衢常對宗吾說：「我寧去見一次官，也不願去見我父親。」天衢到後來也一無所成，這眞是事與願違。這不是「嚴」的壞處，而是「嚴」的不得法，反弄得父子如寇仇，失去了人生的樂趣。

別有委曲

厚黑學在當今一變成為顯學，宗吾先生風光得很，但不要太冷淡了靜安先生的初創之功。

宗吾先生說他的《心理與力學》及從其父關於孟子所云：「令人乍見孺子將入於井，皆有怵惕惻隱之心」的議論而來；而《我對於聖人之懷疑》則源於其父不願生於堯舜禹湯之世的怪話。宗吾先生唯獨不敢說《厚黑學》爲其父所授之精義。我想宗吾先生不是爲長者諱，便是怕他父親與他爭奪《厚黑學》的版權，爭奪厚黑教主的寶座。

宗吾先生曾透露他的父親大人養病之時最先尋來的便是《三國演義》及列國演義之類的閒書，後來才尋「四書」來看。靜安先生樂意與兒子討論「四書」的學問，難道不樂意與兒子討論三國、兩漢的「厚黑」？可以推想宗吾必定聆聽過父親大人的高論，只是宗吾不肯老實交待。我們曾議論過宗吾與父親大人討論顏回與顏路。顏回被歷代推崇，原來也是靠他父親養活的。顏路在千載後能得宗吾父子欽許，也不外顏路有「厚黑」的本領。顏路的臉皮不「厚」，如何在孔子面前開得了「請子之車」的口，這臉能「厚」，那心自然就「黑」了。常言云：厚顏無恥。這就說明我們的推理是有根據的。

我們尋出了「厚黑學」的始祖，揭穿了宗吾先生的黑幕，宗吾先生請不要生氣。這也是光宗耀祖的事情，不要以為是往先人臉上抹黑，不要以為在下有意與先生過不去。在下不過也有推敲推敲的癖好，這也是先生傳授的心法。

如果讀《厚黑學》不以此法，必然不得要領，食而不化。我們運用此法，順著這個破綻追縱，必定小有收獲。

宗吾先生不敢明目張膽地說厚黑大義為其父所授，一則說明宗吾先生知道

「厚黑學」必爲時人漫罵，不敢讓老父也出來伸頭接磚頭。一則說明宗吾先生也深明「厚黑學」是可做而不可說的學問，自己靠它一朝暴得惡名，而老父則用不著也惡名滿天下。正如阮籍做了「竹林七賢」之一，便不讓他的兒子再來湊熱鬧。另外，宗吾先生雖然從父親那兒得到了關於厚黑的暗示與啓迪，但靜安先生畢竟不敢明目張膽地教兒子做人要成功非「厚黑」不可。所以宗吾先生也只好把這「厚黑」發明之功，一人擔了。正如荀況教授了韓非與李斯兩位高足許多辣手段，但學生另起爐火，號稱法家，以免損害了先生那儒家宗師的英名。

厚黑學在當今一變成爲顯學，宗吾先生風光得很，但我們也不要太冷淡了靜安先生的初創之功。

八股恩怨

諸君莫笑八股酸，八股越酸越革命

宗吾先生曾多次聲稱他的《厚黑學》來源於八股，並稱「我是八股學校的修業生，生平所知者，八股而已。」這是眞的嗎？我們說《厚黑學》是宗吾先生作八股文的邊角餘料。

八股文由誰創始，我們且不去考證它，單說說它的悲哀。科考以前文人們吟詩作賦，這詩、賦雖是加官進爵的敲門磚，但在文學史上也照樣淸高也。科考以後，唐以詩取士，宋以文取士，唐宋兩代詩文發達，彬彬大盛，世人少有閒言。入明淸以後，以八股取士，兩代藉以發跡的士人不計其數，不知爲何八股文反遭萬人唾罵，文學史上棄之勿論。

八股是不是壞到了如此地步，我看値得懷疑。明淸小說的技法、明淸散文的義理，都與八股文的文法有千絲萬縷的聯繫。樸學的興盛、理學的發達，也都離不開八股文的推波助瀾。八股壞在什麼地方呢?一曰內容空洞,二曰限制思想。這兩大罪狀也值得一辯。所謂內容空洞,與題目是直接相關的。唐代省試詩、應制詩有幾篇是好作品?宋代對策文,又有幾篇堪傳千秋?當今命題作文,又比八股文強在何處?八股作爲一種高難度的文字遊戲,的確是內容空洞的廢話,但它的罪過不過與唐代應試詩、宋代的應試文罪過相等,何以量刑遠甚?所謂限制思想,則非惟八股之罪也。孔孟之道,宋明理學,又未嘗沒有此罪。何以放走元凶而拿小鬼替罪?

罵八股的人很多,而傷心人多有懷抱。有罵八股借罵試官的,有罵八股借罵時政的,有罵八股借罵孔孟朱子的。蒲松齡、吳敬梓、曹雪芹都痛罵八股,而他們都是從八股裡面爬出來的,證明八股既能限制人的思想,又能從反面可以刺激人的思想。李宗吾的《厚黑學》正是八股後面的文字。他說:「把書與世事,兩相印證,何以書上說的『有德者昌,無德者亡。』徵諸實事,完全相反?懷疑莫釋,就成了發明厚黑學的根苗。」應試的八股文章不得不說「有德者昌,無德者亡」,而內心總覺得不合實事,要追究個透徹。這就說明八股在表面上鉗制了人的思想，而在反面又啓迪了人的思想。好比用紙來包火，火終歸要燒掉在外面的這層紙的。

宗吾先生從先人那裡得了一大匹布，在晚淸的時候擅長做各式八股款式，混上了一個舉人；到民國以後把剩下的邊角餘連綴成厚黑新潮，混上了一個厚黑教主。正如宗吾先生改字，原先字宗儒，後改爲宗吾，不管是宗儒還是宗吾，總是同一人而已。

宗吾先生還有一段妙語，抄錄以示諸君：「中國的八股，有甚深的歷史，一般文人，涵濡其中，如魚在水，所以今人文字，以鼻嗅之，大都作八股氣，酸溜酸溜的。章太炎文字，韓慕廬一類八股也；嚴又陵文字，管韞山一類八股也；康有爲文字，『十八科鬧墨』一類八股也，梁啓超文字，『江漢炳靈』一類八股也；鄙人文字，小試場中，截搭題一類八股也；當代文豪，某某諸公，則是《聊齋》上的賈奉雉，得了仙人指點，高中經魁之八股也。『諸居莫笑八股酸，八股越酸越革命』。黃興、蔡坡公，秀才也；吳稚暉、于右仕，舉人也；譚延闓、蔡元培，進士翰林也。」

可見八股餘香與遺威，足可蕩氣迴腸，排山倒海。

八股不死

水至清則無魚，人至察則無徒。

宗吾先生作八股文很有幾把刷子，作秀才時靠它混了不少零花錢，又靠它順順當當地混上了一個舉人，如果滿清皇帝不垮台，混上一個什麼官當一當，我看那是手到擒拿的事。只可惜到民國以後不以文章的高低授官階，宗吾先生文章雖然奇崛，而官運卻不亨通。不過天下事總是變化的，常言道：天道好還。而今的天道於八股義法還是能容忍幾分的。八股雖不萬能，但各行各業也離它不得，想混個飯碗的朋友，不可不留意於此。

一次富順月課，考題爲「使奕秋海二人奕，其一人專心致志」。宗吾先生作了兩卷，第一卷循規蹈矩的作，第二卷信筆翻奇，後來第一卷擯落，第二卷反被取錄。可見宗吾先生有首鼠兩端的本事，永遠立於不敗之地。如果只有一手本領，稍不注意就會遭人指責。

常云：爲人宜直，爲文宜曲。這句話在一般意義上說是不錯的，但不是還有另外一句說法：水至清則無魚，人至察則無徒。所以這兩個「宜」字後面是留有餘地的。

鄧石如先生有云：「大抵黑白善惡，只宜在心，不宜在口，內存精明，外示渾厚，此大豪傑之局量。若靈台無主，一味鶻突，豈包荒之謂哉！」爲人之直曲，此言已盡涵之。爲文之直曲，宗吾先生已有八股文例證。

宗吾先生有位朋友雷民心先生，很有才氣，曾作「陳平論」，數陳平六大罪狀，正是翻案奇論，而縣官看了說「這個人如此刻薄，將來入了學，都是個包攬詞訟的濫秀才。」即把他丟到十名之後。所以奇談怪論是相連爲一體的，好之者以爲奇談，惡之者以爲怪論。被人看作奇才，就很有越級提拔的可能；被人視作怪才，前途就有些不妙了。

所以八股文並不全是四平八穩的文字，特別到了晚清便很有一些標新立異之作。八股文雖然在當今之世被摒棄了，其精神還是充足的。正如書道中論用筆與結體所云：結體因時而異，用筆千古不易。八股不過是一種形式規範，一種模式，就好比是瓷酒瓶，當今流行的形式好比是玻璃酒瓶。雖然酒瓶不同，卻也是新瓶裝老酒，換罐不換藥。

謀將來的朋友，把這八股的奇與正揣摩淸楚，不僅於作文有好處，而且於做人處世上亦有好處。迎逢上司，不可失於奇，也不可失於正。恰當時候給上司露兩把刷子，或許會四兩撥千斤，彈指間飛黃騰達。追求所愛，也如宗吾先生一樣做出一冷一暖的兩篇作文來，那情意自然就通了。總之，宗吾先生所授那求官六字眞言、做官六字眞言，以及辦事二妙法，都要運用這奇正、冷暖的手段，不然都是紙上談兵，不切實際。

二十四史

一部二十四史的興衰成敗，由（臉厚心黑）四個字中可以包括無遺。

宗吾先生云：「我讀中國歷史，發現了許多罅漏，覺得一部二十四史的成敗興衰，和史臣的論斷，是完全相反的」；又云：「由此推尋下去，一部二十四史的興衰成敗，這四個字（臉厚心黑）確可以包括無遺。」這無疑說明一部《厚黑學》乃由二十四史生發而來，「臉厚心黑」四字正是「芝麻開門」的咒語，默默一念，二十四史必定洞門大開。

既然宗吾先生給了我們如此的方便，有閒錢的朋友不妨購一套精裝的二十四史，再配上一本宗吾先生的《厚黑學》，必定有如核子武器一樣的威懾力量；若有空閒的朋友再不妨以此四字將它從頭至尾批注一番，子孫們必定當作傳家之寶，說不定還會成爲鎮國之寶。

諸君不要以爲我在說誑話，柏楊先生有云：「我們整天在說和外國文化交流，用什麼文化交流乎？積五十年之經驗，知法寶有二，一是把古董運到外國展覽展覽，讓外國人知道中國人的祖宗如何如何了不起。二是花幾萬元買一部二十四史送之。」你看，二十四史是國寶是無疑的，再加上您的批注，不更是價值連城？

柏楊先生心裡不快活的是外國人不識貨，只能供囊蟲便飯之用，而且國人也不能普遍了解，也有人拿二十四史當蹲茅房的手紙來用。人蟲如此豪華氣派，讓人佩服得很。

不過國人中有歷史癖的也不在少數。說遠的比如晉代的杜預便自稱有「左傳癖」；說近的，比如當代的毛澤東，翻來覆去把《資治通鑑》看了十七遍，還意猶未盡，嘆惋人生有限，不能將此書再讀一遍。

正是因爲有歷史癖，孔子才藉《春秋》寓褒貶，史遷藉《史記》抒憤懣。這樣才有了一部二十四史。正是因爲有歷史癖，宗吾先生還未考上秀才之前便從衆大老師家藉《鳳洲綱鑑》來看，那個年頭正是發生中日海戰的甲午年，距今剛好一百年，宗吾先生的弟子及再傳弟子們也可以來一次百年紀念研討會。

宗吾先生因爲有歷史癖，把一部二十四史仔細研讀，便發現史臣的論斷與歷史事實完全不相符。在宗吾先生看來歷史的興衰成敗都關乎厚黑二字。在我看來史臣的論斷與宗吾先生的論斷本沒有什麼差別，史臣曰德，宗吾曰厚，史臣曰才，宗吾曰黑。凡正史曰德才者可以厚黑二字對應替換，必定若合符契。今後排印新版厚黑二十四史即可依此例，本人放棄發明專利，不予追究。

總之，二十四史是修研「厚黑學」的必備教材，諸君不可不備，否則所學必定是野狐禪。

再論二十四史

二十四史不僅是聖人經文的翼輔，而且是「厚黑學」的所在。

二十四史不僅是聖人經文的翼輔，而且是「厚黑學」的淵源所在，還可能是釋迦牟尼的六神通和太乙眞人的火眼金睛，因喜歡二十四史的人三教九流都有。

從前，作八股的先生和學生，雖對聖賢經文頂禮膜拜，而對史部卻是心向往之。正如當今被功課逼得喘不過氣來的學生，對休閒的小說一步一回眸。由此看來，史書有如小說一樣的休閒功能；同時史書不一定是對經書的翼輔，而很可能是反叛，正如功課逼學生苦下功夫，而休閒小說卻要學生混混也可。

宗吾先生受羅大老師的影響，十五歲便借《鳳洲綱鑑》來看，從此後便養成了讀史書的癖好，以至發明出「厚黑學」來。宗吾先生如果沒有這「十五觀奇書，初嘗厚與黑」的少年功夫，必定也沒有日後的成果，君不聞「學成規矩，老不如少」。

少年時候讀史書，一是滿足獵奇癖，一是做做英雄夢。這獵奇癖到日後做了學者便成了考證癖。這英雄夢到日後又因英雄做不成而變爲研究英雄的種種學問（其中當然有厚黑學）。這樣也就有了宗吾先生這樣的學者與這樣的學問。

周作人先生與宗吾先生一樣，對二十四史十分愛好，在公元一九二八年十一月當日，曾經說過：「經，自然，這是聖人之典，非讀不可的，而且聽說三民主義之源蓋出於四書，不特維禮教即爲應考試計，亦在所必讀之列，這是無疑的了。但我所覺得重要的還在於乙部，即是四庫之史部。老實說，我雖不大有什麼歷史癖，卻是很有點歷史迷的。我始終相信二十四史是部好書，他很誠懇地告訴我們過去曾如此，現在是如此，將來要如此。」這的確就是說通二十四史便具有知過去、現在、將來的能力，即如奉佛的修得六神通一般。

他還曾說道：「通歷史的人如太乙眞人目能見鬼，無論自稱爲什麼，他都能知道這是誰的化身，在古卷上找得他的原形，自盤庚時代以降一一具在，其一再降凡之跡若示諸掌焉。」這不正是說明一部二十四史正是中國乃至世界人的一部生死輪迴簿?原以爲深藏在地府閻羅殿的寶物，竟這般赤裸裸地流落在人間許多年，而人們竟然騎馬找馬浪費了許多年的光陰。

宗吾先生讀二十四史，發覺許多大人先生能厚且黑，而芸芸百姓本有厚黑的天賦而爲良心所惑不得施行，遂發下宏願，修得《厚黑經》普渡衆生。周作人先生讀二十四史，了明因果，證得菩提，但畢竟有作壁上觀的心理，只修得小乘境界。所以宗吾先生算得菩薩果位，周作人先生只算得羅漢果位。

黑學大師及其腹心

師傅領進門

師傅領進門，修行在個人。宗吾先生靈感的來臨是從黑心的曹操身上尋到了神異的光澤——黑的魅力。

談宗吾，談厚黑，我們已經談了不少，但還沒摸到「厚黑學」的入手處，讀者諸君可能有些耐不住了，但千萬要記住修習「厚黑學」是千萬急躁不得的。大凡號稱爲「學」的學問，都急躁不得，只能像垂釣一樣耐著性子。且像菩提達摩一樣用心參禪。

宗吾先生《厚黑學》開篇云：「三國英雄，首推曹操，他的特點，全在心子黑：他殺呂伯奢，殺孔融，殺楊修，殺董承伏完，又殺皇后皇子，悍然不顧。他明目張膽的說：『寧我負人，無人負我。』他心子之黑，眞達於極點了。有了這樣本事，當然稱爲一世之雄。」這段文字看來本沒有什麼奇怪的。罵曹操心腸之黑，手段之辣的，在魏晉時就大有人在。到後來《三國演義》中曹操便成了古今第一奸相，成了與關公、孔明並稱爲「三絕」之一。在後來的京戲中曹操的臉譜也就成了奸臣的臉譜，他是心黑臉白，與包公「心白臉黑」恰成對比。

中國人特別重視起始，如研究《詩經》者重視詩之四始，研究《道德經》者總離不開「道可道非常道」那幾句話的精義。我們研究《厚黑學》對這開篇第一段切不可漫不經心地輕易放過，應該重整精神細加琢磨。

這一段看似尋常的文字，對宗吾先生來說的確是非同一般。正是這裡開始，宗吾先生靈感來臨，從這位黑心的曹操身上尋到了神異的光澤——黑的魅力，並進而由曹操而及劉備，而及孫權，再融會貫通，貫穿一部二十四史，著成這足堪傳世的《厚黑學》大著。

宗吾先生這一段起手的破題做得特別的妙，因爲說一說曹操的壞話，大家都能接受，不以爲逆，很順利地建築起了厚黑學中的黑學框架。並且爲接下來的「厚學」空出了伸展的餘地。黑學既生，那厚學也不得不生。

寫文章的正應該從宗吾先生這裡學習破題之法，學厚黑的也應該從這文章之法外品味出行厚黑的藝術，即黑之後接以厚，黑不單行，厚無雙至。

常言道：師傅領進門，修行在個人。宗吾先生既把我們領進了厚黑的大門，我們在迎面的黑神曹丞相前是應該上一柱香的。性急的朋友，如果不願再往前走，打定主意跟著曹丞相學藝，也未必不能成正果。

我們也藉此歇歇腳。

曹操之身家

曹操之身家在陳壽作《三國志》時也未弄清白，只得含糊其辭云：「太祖武皇帝，沛國譙人也，姓曹，諱操，字孟德，漢相國參之後。桓帝世，曹騰為中常侍大長秋，封費亭侯。養子嵩嗣，官至太尉，莫能審其生出本末。嵩生太祖。」

吳人作《曹瞞傳》則云：「嵩，夏侯氏之子，夏侯惇之叔父。太祖於惇為從父兄弟。」此言當有所依據，不知陳壽緣何不採。或陳壽以為不過是一種傳說或猜度。

陳琳曾為袁紹檄州郡文，裴注引《魏氏春秋》錄其全文。中有罵曹操父祖云：「司空曹操，祖父騰，故中常侍，與左悺、徐璜並作妖孽，饕餮放橫，傷化虐民。父嵩，乞丐攜養，因贓假位，輿金輦璧，輸貨權門，竊盜鼎司，傾覆重器。操贅閹遺醜，本無令德，僄狡鋒使，好亂樂禍。」則以曹嵩本為不明身家之乞丐小兒。

曹操本人對身家是很忌諱的，當活捉陳琳後還耿耿責道：「卿昔為本初檄書，但可罪狀孤而已，惡惡止其身，何乃上及父祖邪？」

在當時注重門閥的時代，曹操出生在這樣一個家庭是沒有多少政治資本可講的。袁氏兄弟正是沾其門弟之先，一時為中原盟主；劉備也不得不刷新那「中山靖王劉勝之後，孝景帝閣下玄孫」的金字招牌，但也時常被人嘲笑為「織席販履」之徒。

雖然血統遺傳並不能決定仁智厚黑，禹湯之後也能演變為桀紂，但我們了解曹劉的身家，就可明白曹操緣何用黑，劉備緣何用厚。

操之用黑，非不知仁義忠孝也，而深知仁義忠孝非速效強力之藥，養生則可，治病則難矣，所以猛用這味虎狼黑藥。

操之先人，亦非如陳琳所云之黑，而頗有仁厚之名。司馬彪《讀漢書》稱曹嵩云：「質性敦愼，所在忠孝」，稱曹騰云：「在省闥三十餘年，歷事四帝，未嘗有過。好進達賢能，終無所毀傷」；稱曹節云：「素以仁厚稱。鄰人有亡豕者，與節豕相類，詣門認之，節不與爭；後所亡豕自還其家，豕主人大慚，送所認豕，並辭謝節，節笑而受之。由是鄉黨貴嘆焉。」

曹節之仁厚寬和，從此小事可以認定；曹騰之明哲保身，從數十年宦海安渡可知；曹嵩之事跡，於史書上記載並不多，亦可知嵩不過平常官僚。曹操之出世並非秉沖天之黑氣而降，操之不肯正帝位，知其亦有不肯爲之事。所以操之黑亦有所未至。

呂伯奢公案

宗吾以曹操殺呂伯奢為第一罪狀，第一次顯露黑心的特長。不過這個案子也還有一些疑竇。

陳壽的《三國志》記寫了曹操躲避董卓之情節：「太祖乃變易姓名，間行東歸。出關，過中牟，爲亭長所疑，執詣縣，邑中或竊識之，爲請得解。」明白地記寫了在中牟受執的事，而根本沒有涉及殺呂伯奢及家人的事件。反是其他史書都記有曹公殺人的案子。

《魏書》（裴注所引）有云：「太祖以卓終必覆敗，遂不就拜，逃歸鄉里。從數騎過故人成皐呂伯奢；伯奢不在，其子與賓容共劫太祖，取馬及物，太祖手刃擊殺數人。」從這段引文可以知道，曹操所殺之人可能包括呂伯奢之子及其賓客，曹操一人就親手擊殺數人，其隨從也一定大開殺戒，不然曹公如何脫得了身？事件的起因，乃由伯奢之子伙同衆賓客劫人取物。被殺者中並沒有呂伯奢。

裴注引《世語》又云：「太祖過伯奢。伯奢出行，五子皆在，備賓主禮。太祖自以背卓命，疑其圖己，手劍夜殺八人而去」。又引孫盛《雜記》云：「太祖聞其食器聲，以爲圖己，遂夜殺之。既而悽愴曰：『寧我負人，毋人負我！』遂行。」按二書所云，則說明這一事件實起於一場誤會。曹操因聽到廚後器具聲，誤以爲伯奢諸子將要圖己，於是先下手爲強，誤殺了呂家八口無辜。

綜觀諸書，可知陳壽於本紀不載，實乃爲曹公諱；《魏書》雖載其殺人，則有栽贓之嫌；《世語》、《雜記》所記大略近之。但諸書皆未曾云曹公殺呂伯奢本人。

而至《三國演義》記寫曹操避董卓間行東歸則穿插了許多細節，終使呂伯奢慘死於曹操劍下。而且殺呂伯奢以後還與陳宮有一番議論：「宮大驚曰：『適才誤耳，今何爲也？』操曰：『伯奢到家，見殺死多人，安肯干休？若率衆來追，必遭其禍矣。』宮曰：『知而故殺，大不義也』！」操曰：『寧教我負天下人，休教天下人負我。』陳宮默然。」這一番議論的確認人聽來心頭發冷。

孫盛《雜記》所記云：「（操）既而悽愴曰：『寧我負人，毋人負我！』」

雖話語意思相同，但所記神色不一，其冷酷不至於到明目張膽的程度。

曹公這兩句名言如果用到賭場中，賭友們肯定覺得這不過是句老實話而已：寧可我輸給了別人不兌現，不可讓別人輸給了我要賴帳。大家到賭場中去不是都想圖個贏嗎？不是都想撈幾個現回來嗎？

不過這兩句話沒講好它的意思的話，剛好就把意思講顛倒了：「寧可我輸給別人，不可別人輸給我。」如果持此良意的朋友，一定不是賭友，而是慈善家。

唯才是舉的「宏量」

不論德行，唯才是舉，是曹公的用人之道。

曹公的「唯才是舉」是旗幟後面還掩著刀杖的。

「寧我負人，毋人負我」，是曹公的處世哲學，因為確定了這一既定方針，所以曹公與人打交道總是贏家。不論德行，唯才是舉，是曹公的用人之道。曹公持此道，使中原之士，趨之若鶩，遂成一世之雄。曹公之奸與雄，原是這般搭配的。愛之者，羨之者，稱之雄，恨之者，惡之者，稱之奸；又愛羨又恨惡者，謂之奸雄。

曹公與袁紹初起兵時曾有一段對話：

紹問公曰：「若事不輯，則方面何所可據？」

公曰：「足下意以為如何？」

紹曰：「吾南據河，北阻燕、代，兼戎狄之衆，南向以爭天下，庶可以濟乎？」

公曰：「吾任天下之智力，以道御之，無所不可。」

袁本初的確是癩蛤蟆打哈欠——口氣不小，但與曹公相比則識見差矣。曹公在此提出了兩條終生奉行的策略：其一，任天下之智力，其二，以道御之。第一條大約就是唯才是舉；第二條所謂的「道」，大約摻黑摻多了一點，摻黑摻早了一點，所以曹公雖擊敗了袁本初，但也未能一統天下。

曹公愛才重才的言論與事跡的確不少。比如陳琳曾辱罵曹操三代，曹操甚為惱恨，但終釋其罪而重用之。再如魏種，本為曹操所提拔，後竟隨人叛亂，曹操深恨之，及擒種，曹操曰：「唯其才也！」釋其縛而用之。所以曹操之謀臣將士多得自袁紹諸敵手，正如劉邦之謀臣將士多得自項羽。甚至在赤壁之戰以後，曹操也未放棄收羅人才的方針，於建安十五年、建安十九年、建安二十二年接連三次發出求賢令，明確提出不論士之德行偏短，唯才是舉。

曹公如此好才，是不是果眞能做到「唯才是舉」呢?那得看看這個「才」的態度。比如像孔融、禰衡、楊修三位都是很有「才」的，但不肯與曹公同一個鼻孔出氣，所以曹公毅然要了他們的腦袋。他的兒子曹植，本來是他最欣賞的，但因竟敢私自開鄴城司馬門外出而被打入另冊。所以曹公還是喜歡那聽話的或拍馬屁的奴才。

所以蘇東坡於《周瑜雅量》一文中云：「蘇子曰：曹孟德所用，皆爲人役者也。以子房待文若，然終不免殺之，豈能用公瑾之流，度外之士哉！」

所以曹公的「唯才是舉」是旗幟後面還是掩著刀杖的。沒有才不行，不聽話也不行。諸君若與曹丞相共事，千萬不可恃才傲物，不然小腦袋就很難保。

矯情任算的度量

所謂矯情任算，即凡事不以情感好惡而定，而依利害得失而行。

陳壽於《三國志‧魏書‧武帝紀》評曹公云：「漢末，天下大亂，雄豪併起，而袁紹虎視四州，強盛莫敵。太祖運籌演謀，鞭撻宇內，擥申、商之法術，該韓、白之奇策，官方授材，各因其器，矯情任算，不念舊惡，終能總御皇機，克成洪業者，惟其明略最優也。抑可謂非常之人，超世之傑矣。」

陳壽這段評語，用了一些誇飾之詞，但也的確抓住了曹公的過人之處。這過人之處正是我們研究厚黑的人要用心揣摩的。曹公能鎔鑄申、商法術與韓、白奇策於一爐，因此他在政策制定與軍事指揮方面成就卓著，我們這裡暫且不論。曹公能夠成爲威震一時的政治家，能夠成爲後人又愛又恨的奸雄，與他能矯情任算的度量，的確有著十分緊密的關係。

所謂矯情任算，即凡事不以情感好惡而定，而依利害得失而行。所以通達之人往往勸那些容易激動的人「凡事要三思而行」。這「三思」的過程正是摒除情感因素，計以利害得失之的過程。這「三思」正是矯情的過程。當然這「三思」又表現爲「發狠」和「當龜兒子」兩種情況。當要「發狠」的時候就有「無毒不丈夫」、「先下手爲強」、「寧我負人，毋人負我」等狠毒之語，當要「當龜兒子」的時候就有「大丈夫能屈能伸」、「吃虧就是佔便宜」等解嘲語。

曹公行事往往執此道而行。當呂布襲劉備，劉備投曹操之時，程昱曾勸說曹操云：「觀劉備有雄才而甚得衆心，終不爲人下，不如早圖之。」曹操不肯道：「方今收英雄時也，殺一人而失滅下之心，不可。」曹操並非不想取劉備性命，只是取劉備性命失天下之心，利小害大。剛起事便砸毀，自家招牌之事不可爲。

當曹操破袁紹，得許都及軍中諸人與袁紹密書之後，曹操下令全部焚毀不予追究。曹操並非不恨這些私通敵軍之人，只是正當將剩勇追窮寇之時不可洩氣。

當曹操攻討袁譚時，曾徵百姓推冰通船，有位逃役之民後到曹公門前自首乞命。曹公對他說道：「聽從你的請求，則違背了我先前發佈的命令；如果殺掉你，又傷你前來自首的誠意。你自己去逃命吧，不要被執行官吏捉住就是了。」

這位逃亡者最後還是被官吏捉住丟了性命。曹公說起話似乎十分為難，很同情這位自首的亡民，但心裡是嚴峻的，即違背命令，格殺勿論。

曹操派兒子曹彰徵烏丸時曾嚴正誡之云：「居家為父子，受事為君臣，動以王法從事。爾其戒之！」說明不以父子親情曲法的立場。父子之情都不講，還有什麼情可言？

所以曹公之寬柔與嚴峻都是從其大的利害出發，不是發於一時之念，念一己之情。

心自何時黑起

曹操之父曹嵩被殺之後，其狠毒之心漸漸滋生起來，其心越磨越黑。

曹操這位大師是不是天生就是這副黑心腸呢？我看這心腸是慢慢變黑的。

曹操初入仕途，任京中治安聯防之官，設五色棒懸掛諸城門，有犯禁胡為者，不避豪強，一律大棒伺候。靈帝寵幸的宦官蹇碩在京中威勢熏天，他的叔父仗著他的威風，犯禁夜行，被曹操捉住棒殺。自此後京中莫敢再犯。皇帝身邊的近司寵臣因此都很痛恨曹操，但又抓不到他的辮子，只好把他貢出了京城，當上了頓丘令。曹公此時手段是有些滑辣，其心是有些狠，但還不算黑。

等到曹公平黃巾有功，遷爲濟南相，也動了眞格。史稱「長吏多阿附貴戚，臟污狼藉，於是奏免其八；禁斷淫祀，奸宄逃竄，郡界肅然。」曹操在《讓縣自明本志令》中也曾表白道：「故在濟南，始除殘去穢，平心選舉，違迕諸常侍。以爲強毫所忿，恐致家禍，故心病還。」可見曹操此時雖有幾分退縮之心，但心還未曾冷。

及至稍後合議兵討董卓，拒立劉虞爲帝，皆有幾分義氣。平青州黃巾，受降卒三十餘萬，亦可稱有氣度。

曹操濫殺無辜，大約始於其父曹嵩被害之後。曹嵩被殺有二說。一云陶讓密遣數千騎襲其家，嵩無備，闔門皆死。一云曹操迎嵩回都，輕重頗富，陶謙遣都尉張闓率二百騎護送。至泰山華、費間，張闓貪其財物，因殺嵩老幼，取其財物，奔亡淮南。無論事件眞相如何，曹操把罪責歸記在陶謙身上，幾乎東征伐謙，所過之處，肆意殘殺，以洩憤恨。其狠毒之心漸漸滋生起來。

建安二年張繡降，既而悔之，復反。曹公此番損失甚爲慘重，長子曹昂、弟子安民隕命，並自身右臂亦爲流矢所中。事後曾對諸將發狠道：「吾降張繡等，失不便取其質，以至於此。吾知所以敗。諸卿觀之，自今已後不復敗矣。」曹公總結出的教訓即是以前自己心腸還不夠狠毒所以上了賊人的當，自今以後心腸再也不會軟了，所以再也不會有這樣的失誤了。所以他以後殺董承等毫不手軟，其心就這樣慢慢黑了。到最後，連視之以子房的文若也不能饒他一條性命，其心之黑的確太過了一點。

觀曹操心之漸變，可知其心之越磨越黑，只在「不肯吃虧」四字上。吃一次虧就要拚命報復，上一次當就要發誓狠一輩子。如此追求「黑」學，焉有不登峰造極者乎？

黑得眞誠

曹操敢道出「寧我負人，毋人負我」敢於標榜任人唯賢，唯才是舉表露他黑的眞誠、黑的直率。

宗吾先生曾云：「深於黑學的人，如退光漆招牌，越是黑，買主越多，曹操就是這類人。他是著了名的黑心，然而中原名流傾心歸服，這就是退光漆的亮招牌，可以招到很多的買主。」曹操的黑心爲何有這般魅力？我仔細研究之後，覺得其原因在曹公黑得眞誠。

曹操的心雖然黑，但他不去故意掩蓋它，而是樂意地接受它。裴注引孫盛《異同雜語》有云：「（曹公）嘗問許子將：『我何如人？』子將不答。因問之，子將曰：『子治世之能臣，亂世之奸雄。』太祖（曹公）大笑。」許劭此言實際上並不太中聽，但曹公聽了卻大笑，欣然接受這一品評。可知曹公對自己的心裡並不十分忌諱。這不是十分眞誠嗎？

曹操敢於道出「寧我負人，毋人負我」的處世之道，敢於標榜任人唯賢，唯才是舉的用人之道，的確都表露他黑得直率，黑得眞誠。他不用自欺欺人的僞善面目招搖撞騙，如何思，如何想，便如何說，如何爲。

正如我們欣賞那山中拿著刀大呼留下買路錢的草莽好漢，我們討厭那滿口仁義道德而滿肚男盜女娼的僞君子。所以我們對《水滸》中的李逵有許多的敬意，而對《紅樓夢》中的賈雨村不屑一提。

曹操敢講眞話，敢掏心，所以他心雖黑，而臉還並不太厚。他當上丞相以後，是有得隴望蜀的意思的，但他還是有所不敢。所以他一再強調「若天命在吾，吾爲周文王矣。」群臣勸進，他都搖頭不肯。當孫權上書稱臣，稱說天命。他笑罵道：「是心欲踞吾著火爐上邪！」可見他並不像趙匡胤那般厚臉皮，要別人把皇袍披到自己身上，半推半就地當皇帝。

他的父親被陶謙部將所害之後，他悲痛欲絕，血洗徐州諸鎭，其殘忍心黑自不待言。但與劉邦相比，劉邦之父爲項羽所得，項羽欲烹之，劉邦反要討一杯羹。劉邦則顯得何其虛假做作，顯得沒有一點父子之情，沒有一點慈悲之念。

當有人造輿論，說曹公有纂立之志，逼他讓位交兵的時候，他又明確地表白：「欲使孤便爾委捐所典兵衆以還執事，歸就武平侯國，實不可也。何者？誠恐己離兵爲人所禍也。」的確想謀曹操之命的人不少，如果交出兵權，必死無疑。話說到這般地步，曹操完全是道出了自己的本心，沒有絲毫的隱瞞與虛僞。從情辭來看它的確是一篇不可多得的好文章。

曹操的黑心，由於黑得眞誠，所以中原之士紛紛歸服他。兩漢講儒學講出了許多假道學，到曹操才說了幾句眞話，當世及後世都有不少人表示佩服。

黑得狡詐

曹操善耍狡詐陰狠手腕，不僅不去掩蓋，還要自鳴得意。

陳壽稱曹操「少機警，有權數」，可知曹操生來就比別人多幾副心肝。《曹瞞傳》記曹操一名去利，小字阿瞞。爲何被家人呼爲阿瞞，或許與他自小就能耍權變有關。俗話說三歲看大，的確阿瞞終生不改此性。關於曹丞相的故事許多都是說他狡詐的。

據說他小時候好飛鷹走狗，游蕩無度，不務正業，他的叔父看不過去，每每在他父親前說他的不是。一次他路上遠看他叔父過來，便裝作羊癲瘋的模樣，他叔父見狀驚問其故，他答云：「偶中惡風。」叔父急告其父。等到他父親見到他時，他安然如故。父問其詳。操答云：「初不中風，但失愛於叔父，故見罔耳。」自後叔父再有所告，其父不復信其言矣。可見阿瞞自小便會用這刁猾之計。

又有傳云：曹操討賊時，軍糧短缺，無以爲繼，便急與管糧官商議對策。管糧官獻計道：「可用小斛暫時敷衍一陣。」曹操欣然贊同。後軍中傳言主帥以小斛欺衆。曹操即請管糧官來商議道：「特當借君首級以壓衆心，不然事不可解矣。」即推出斬首。腦袋也可以借來應景，的確只有曹操想得到這個點子，說得出商量借用的話。

《世說新語》載有幾則曹操譎詐的故事，有一則云：「魏武常言：『人欲危己，已輒心動。』因誘所宗小人曰：『汝懷刃密來我側，我必說「心動」，執汝使行刑，汝但勿言其使，無他，當厚相報。』執者信焉，不以爲懼。遂斬之，此人至死不知也。左右以爲實，謀逆者挫氣矣。」魏武之狡詐與狠毒在這則故事中體現得已相當明顯了。

第一則故事，曹操乃用疏不間親計，矇騙了父親，鬥敗了叔父。第二則故事，曹乃用金蟬脫殼計，丟車保帥，既穩定了軍心，又贏得了時間。第三則故事，曹操乃用瞞天過海之計，設計兩個圈套，既瞞過了衆人，又瞞過了當事人。這些計策妙則妙矣，但失於狡詐，過於陰狠。

曹操的名聲不好，大概是這類的手腕耍得太多，不僅不去掩蓋，還要自鳴得意。他本來想殺禰衡，但不肯自己動手，便使借刀殺人之計。他本來想殺楊修，又不好明目張瞻，只得來個小題大作。他本來就不把漢獻帝看在眼裡，但又要打著漢丞相的招牌，所以每被人作「託名漢相，實乃漢賊也。」他如果不在細小之事上賣弄聰明，在殺董承與伏完時稍微收斂一點，他的名聲肯定不會黑得這般響亮。

曹操因爲失於狡詐陰狠，所以高人勝士對他頗爲疵議。儘管他能「擥申、商之法術，該韓、白之奇策」，但終不能收服天下人之心，儘管他殺起人來心狠手辣，但也難以禁住天下悠悠之口。所以，治天下者，雖有至黑亦非勝算。

曹操何以不能一統天下

由周瑜不懼曹公可知，由孔明知曹公若強弩之末可知。由建安十九年秋七月曹公征孫權再告無功可知；由章武二年夏六月劉備伐吳損失慘重可知。

杜牧詩云：「折戟沈沙鐵來銷，自將磨洗認前朝。東風不與周郎便，銅雀春深鎖二喬。」這首詩得到了廣泛的認同，余得以為不然。

曹操赤壁之敗雖與東風有關，但沒有東風作怪曹操亦難勝算。何以知之？由周瑜不懼曹公可知，由孔明知曹公若強弩之末可知。由建安十九年秋七月曹公徵孫權再告無功可知；由章載二年夏六月劉備伐吳損失慘重可知。東吳非不可取也，而不可以「聲勢恐喝」強取之。羊祜立取東吳之策，晉始得以一統。所以無論孟德還是玄德，都不該怨東風，只該自恨不宜以詐力強行呑吳。

東坡先生嘗作《魏武帝論》探討孫權、劉備「其用兵制勝，固不足以敵曹氏，然天下終於分裂，論魏之世，而不能一」的原因。東坡以爲：「魏武長於料事，而不長於料人。是故有所重發而表其功，有所輕爲而至於敗。劉備有蓋世之才，而無應卒之機。方其新破劉璋，蜀人未附，一日而四五驚，斬之不能禁。釋此時不取，而其後遂至於不敢加兵者終其身。孫權勇而有謀，此不可以聲勢喝取也。魏武不用中原之長，而與之爭於舟楫之間，一日一夜，行三百里的爭利。犯此二敗以攻孫權，是以表師於赤壁，以成吳之強。且夫劉備可以急取，而不可以緩圖也，方其危疑之間，倦甲而趨之，雖兵法之所忌，可以得志。孫權者，可以計取，而不可勢破也，而欲以荊州新附之卒，乘勝而取之、彼非不知其難，特欲僥倖於權之不敢抗也。此用之於新造之蜀，乃可以逞。故夫魏武重發於劉備而表其功，輕爲於孫權而至於敗。此不亦雖出料事而不雖於料人之過歟？」

東坡論曹之失，不以天命爲其開脫，而以爲其智有所未至，知有所未全。竊以爲東坡之論高於杜牧，然或有知，未必肯服。

曹操有句名言：「天下英雄，唯使君與操耳！」曹操於衆人物中獨著重劉備，不可謂曹操不知劉備之優長。劉備在中原疲於奔命，然命終不落曹操之手，知劉備有劉邦的本事。倦甲悍然攻入蜀地未必能索取劉備性命，且惶惶然還有後顧之憂。所以曹操不為攻蜀之事。

曹操還有一句名言曰：「生子當如孫仲謀！」曹操生於東漢桓帝永壽元年（公元一五五年），孫權生於東漢靈帝光和五（公元一八二年），曹操長孫權二十七歲，又恰好與孫堅同庚，所以曹操視孫權若子侄輩是完全恰當的，說出這樣一句話也是有感而發。

在同輩人物中曹操推崇劉備，在下輩人物中曹操看重孫權，能說曹操長於料事而不長於料人嗎？

曹操於建安十三年秋大舉南征劉表，劉琮束手而降，劉備狼狽南奔。雖來勢迅猛，但未能取得劉備性命，反激成孫劉聯盟，此為曹公始料不及，但亦說明東坡先生所謂劉備可以急取亦難奏效。曹操取荊州之後，即擺出進兵江東的陣勢，本有以聲勢詐取江東之意，反招赤壁之敗，即知難而退。可見曹操並未輕視孫權，並未莽撞強攻江東。

赤壁之戰，曹軍失利，但並非曹軍全線崩潰，全軍覆沒。曹操撤離南郡，一方面因赤壁之敗，另一方面是因爲大疫流行，爲保存實力，主動撤退。曹公一退便造就了鼎足三分的格局。

曹公非不想一統天下，無奈年事已高，要等到孫權這一新興集團的老化與瓦解已此生無望；要排除險阻與西蜀捨命一搏也沒有勇氣輸得起；所以只好擺著漢獻帝享享漢丞相的清福。

正如厚黑教主所說：「他們三個人，把多人的本事施展出來，你不能征服我，我不能征服你，那時候的天下，就不能不分而爲三。」

雞肋之地

若以蜀中、漢中、荊州合起來為一隻肥雞，那麼蜀中則是雞身，漢中、荊州則為兩雞肋。

雖然裴注所引《九州春秋》所載楊修解曹操「雞肋」之令的史實值得懷疑，但以「雞助」以比漢中的確是妙不可言。曹操於建安二十年三月率軍親征漢中，花了差不多一整年的時間才得到這塊地方。想當初戰士出生入死，將帥殫思極慮，難道就是為了這塊「棄之如可惜，食之無所得」的「雞肋」嗎？

這塊「雞肋」之地還有許多人打過它的主意呢！諸葛亮在隆中還沒有出山時就思考過它的歸宿。當劉備三顧之後，他便向劉備推薦道：「益州險塞，沃野千里，天府之土，高祖因之以成帝業。劉璋闇弱，張魯在此，民殷國富而不知存恤，智能之士思得明君。」

周瑜在赤壁大戰大敗曹操以後曾對孫權進言：「今曹操新折劍，方憂在腹心，未能與將軍連兵相事也。乞與奮威併進取蜀，得蜀而併張魯，因留奮威固守其地，好與馬超結援。瑜還與將軍據襄陽以蹴操，北方可圖也。」周瑜的主意與諸葛亮所謂「天下有變，則命一上將將荊州之軍以向宛、洛，將軍身率益州之衆出於秦川，百姓孰敢不簞食壺漿以迎將軍者乎？」不謀而合，都想學習漢高祖，都想得到這塊「雞肋」。可惜周瑜才進軍抵達巴丘就忽然病逝了，不然，孫劉必定還有一爭。

曹操也是對漢高祖頗有研究的人，且以漢高祖自命的人，難道不知道高祖是怎麼發跡的嗎？難道不知道孫、劉都在打漢中、蜀中的主意嗎？他是知道的。不過因一次失誤而讓煮熟的鴨子又飛了。當他揮兵南征，荊州唾手而得，劉備奔亡夏口的時候，他自以爲天下可定了。這時劉璋遣張松來拜見曹公，曹公對張松接待也不熱情，走的時候也不肯封一個官，張松十分氣憤。等到張松返回，曹公已於赤壁大敗，兼以瘟疲流行，損失慘重。所以當張松回到蜀中後大罵曹操無德無能，勸劉璋琵琶別抱，與劉備相好。劉璋然其說，即遣法正連好劉備，又遣孟達送兵數千與劉備御敵。曹公見事如此，即於建安十六年三月，遣鐘繇攻張魯，並令夏侯淵等出河東與鐘繇會師而進。

曹公此舉，隨即帶來連鎖反應。劉璋聞曹公要攻張魯嚇破了膽，張松趁機勸劉璋引劉備入川御魯抗曹。劉璋聽信張松之言，不顧王累等人以死相諫，毅然引狼入室。劉備遂藉此良機而入蜀。

曹公命鐘繇取張魯，大軍西向，而關人馬超、韓遂、楊秋等以爲大軍將要襲取他們，於是紛紛叛亂。這樣張魯沒有攻取，反引發了一場關西大戰。這也是一場不可避免的戰爭。當曹操與袁紹決戰的時候就已擔心他們造反，當曹操與孫劉大戰的時候還是擔心他們造反。這場戰場終於來了。曹操於是年秋七月，率師西征，大破馬超、韓遂，降服楊秋，關中遂平。其後馬超、韓遂糾結羌、胡，時有寇侵，夏侯淵、張郃等征討，於建安十九年馬超敗軍奔入漢中，韓遂亡西平。這樣基本上掃除了進軍漢中、蜀中的後顧之憂。而建安十九年夏，列備破雒城，圍成都，劉璋出降，劉備自領益州牧。

若以蜀中、漢中、荊州合起來爲一隻肥雞，那麼蜀中則是雞身，漢中、荊州則爲兩雞肋，劉備、曹操、孫權都想得到全隻肥雞，但劉備先下手爲強，施行厚臉黑心之術搶占了雞身。曹操與孫權也都不是吃素的，所以當劉備攻取蜀中的時候，孫權命呂蒙搶走了東南邊的半個小雞肋，還要聲明本來全部屬於姓孫的，只是劉備借去了不肯還。因而東南邊的雞翅已爲孫權所傷，已難以飛動。曹操花了四、五年的時間平定關中、隴西，實際上是拔掉了東北邊雞翅的羽毛，又於建安二十年率十萬大軍強行割去了這隻雞肋，是以劉備與諸葛亮的肥雞夢已難圓。

曹操強啃漢中這塊雞肋，於操雖無大補，而於劉操則是大傷，所以曹操還是幹得非常漂亮的。若曹操不拔掉漢中周邊的羽毛，強割漢中一刀，那麼劉備勢力一定滲透隴右，這隻雄雞必有飛騰之勢。且天下事又是配合得這般巧，若孫權不在東南強割一刀，劉備不率五萬大軍遠赴荊州，則張魯未必不依劉備而反去投降曹操，曹操一旦在於漢中受挫，很可能如同夏侯淵一樣命喪漢中。歷史是不能假設的，所以古人說至轉折處，往往稱說天命如此，感嘆曹操不當絕，漢室不可復興！

劉備力行臉厚之事，所以初見劉璋不肯直接下手。雖然得其穩妥的優長，但從爭取時間來說則過於緩慢，貽誤了兵機。若劉備從龐統之議，心更黑一點，迅速解決劉璋，加兵張魯，全部占有益州，然後結好馬超、韓遂、羌人、氐人，其勢必有高祖爭天下之形。而劉備不速爲此事，而致龐統喪命，張魯降曹，大勢去矣。所以雖於日後復得漢中，亦不過得一被宰割了雞肋，難有遠圖矣！

漢中之地，土地肥沃，人民殷富，周遭有高山險阻，何以謂之爲雞肋不可以圖大事？高祖又何以因之以成帝業？試申述如下：

昔漢高祖因以成帝業，有以下一些特別原因。其一，項羽不疑劉邦有東顧之心。劉邦被封於漢王，王巴、蜀、漢中，首先乃范增欲以險絕制服劉邦的陰謀。其次劉邦聽從張良的意見，厚賂項伯，使項伯促成此事。所以項羽與范增已先失算於此。其後劉邦又聽以張良的意見燒絕棧道，以示無東顧之心，張良復於項羽前表達此意，進一步欺騙蒙蔽了項羽與范增。因而項羽不疑劉邦復有東顧之心。今劉備據有巴蜀、漢中，曹操能再受矇騙嗎？是以劉備已爲曹氏嚴密監視，難以出奇制勝；是以「暗渡陳倉」之謀難以復施。

其二，項羽所托非人。項羽以秦降將章邯爲雍王、司馬欣爲塞王、董翳爲翟王三分吳中以塞劉邦是大錯特錯之舉。因錯用此三人，才令韓信之計得以成功。

今曹操、曹丕、曹睿於關中已除異已，布以重兵，所鎮守之將如鐘繇、夏侯淵、張郃、曹眞、司馬懿等輩，皆非無能鼠輩，又兼曹操幾番親征，賢能爲用。可見劉備、孔明已無韓信可乘之機。

其三，項羽無暇西顧。當劉邦東取關中之時，衆雄紛之叛羽，羽無暇西顧。而劉備據西川之時，曹操基本上已翦滅群雄，東爭天下者唯孫權而已，而孫權與劉備並不能親信若韓信與劉邦，且時有爭奪之心，所以曹魏能於關中雍容待蜀。

其四，高祖先有恩於關中父老。劉邦入關時軍紀嚴明，秋毫無犯，善待百姓，深得人心，且有「先破秦入咸陽者王之」的約定，是以劉邦取關中，無論從民心向背，還是輿論導向，都有利於劉邦，不利於項羽。而今劉備雖以興復漢室相號召，然已難有劉邦那樣的優勢。

其五，地勢險阻亦有其利與弊。漢中之地，由於秦嶺橫亙其北，因而自古以來與關中交通十分困難。又其西有大雪山、嘉陵江險阻，其東有大巴山、武當山環護，其南有米倉山阻隔，四周塞絕。若自關中來攻，因路途險遠，難以久爭。若自蜀中來攻，因險阻均分，途程稍近，可以相抗。曹操攻取漢中主要靠奇計制勝，且張魯本無戰心，是以取之較易。而後大軍退出，留夏侯淵鎮守，與蜀軍相抗爭餘而爲所乘，遂得而復失。曹引兵復爭，已無能爲力。曹操得到漢中也的確是難以處置。若久駐大軍，又恐東方有失，不能急速回護；若以偏軍一支鎮守，則力量不足，易爲蜀軍所乘，且又增援不及，必遭其敗。的確是一塊「棄之如可惜，食之無所得」的雞肋。

綜觀所述則可知西蜀得漢中，亦無奈曹魏何；曹魏得之，亦無奈西蜀何！視之爲「雞肋」的確讓人解頤！

存己天下事，得失寸心知

若曹操於漢帝能用荀彧之言，取荊州以後能用賈詡之言，然後移書漢中、巴蜀，勒軍觀變於東吳，則天下之事未必定許三分。

曹操迎天子於許都以後，袁紹內懷不服。時操之軍力不及袁紹，又兼東有呂布，南有張繡，西有韓遂、馬超，操甚爲憂慮，不知如何應付是好。荀彧乃進言曰：「古之成敗者，誠有其才，雖弱必強，苟非其人，雖強易弱，劉、項之存亡，足以觀矣。今與公爭天下者，唯袁紹爾。紹貌外寬而內忌，任人而疑其心，公明達不拘，唯才所宜，此度勝也。紹遲重少決，失在後機；公能斷大事，應變無方，此謀勝也；紹御軍寬緩，法令不立，士卒雖衆，其實難用；公法令既明，賞罰必行，士卒雖寡，皆爭致死，此武勝也。紹憑世資，從容飾智，以收名譽，故士之寡能好問者多歸之；公以至仁待人，推誠心不爲虛美，行已謹儉，而與有功者無所憐惜，故天下忠正效實之士咸願爲用，此德勝也。夫以四勝輔天子，扶義征伐，誰敢不從？紹之強其何能爲！」並進而籌劃：欲取袁紹，必先取呂布張繡；欲圖東南，必先安撫西北關中將帥。然後方可與袁紹短兵相抗決一雌雄。

荀彧揚操而貶紹，雖有誇飾之處，亦大體如此。荀彧所謂操之四勝，其中「謀勝」與「武勝」即言「黑」勝，「度勝」與「德勝」即言「厚」勝。操之厚與黑皆勝於袁紹，便可推定操必克紹。所以曹操與袁紹的較量，不僅是兵衆的較量，而且是厚黑的較量；曹操與袁紹的較量，不僅僅是決戰於官渡一役，而是開始於曹操剿滅呂布，平定徐州之前。這場大戰的主角雖是曹操與袁紹，而其謀主卻是荀彧。

荀彧先本從袁紹，紹以上賓待之，然彧觀紹終不能成大事，遂於初平二年棄袁紹而投奔時爲奮武將軍的曹操。操與之一見而大悅，評之爲「吾之子房也」。操常令彧居中持重，凡軍國大事必與之籌劃商議。

操以子房待彧，彧亦屢以高祖之事勸操。勸操先定河、濟以爲高祖之關中、河內；勸操奉迎獻帝於許都以效高祖之奉義帝。此番勸操之敵紹；亦以劉、項相比譬也。且其所舉操四勝之長，與傾紹之策，完全仿效韓信於漢中所以勸漢王之計也。天下形勢變化，雖不出荀彧所謀。曹操能扶天子之威，平定二袁，掃蕩中夏，皆荀彧計策之功也。

建安十七年，因彧沮議操封魏公，加九錫，爲操所恨。後曹操征孫權，表請荀彧勞軍於譙，因留彧，以爲侍中光祿大夫持節，參丞相軍事。曹操軍至濡須，荀彧因病留於壽春。關於荀彧之死，陳壽《三國志》載云：「彧疾留壽春，以憂薨，時年五十。謚曰敬侯。」裴松之注引《魏氏春秋》曰：「太祖饋彧食，發之乃空器也，於是飲藥而卒。」遂存二說。

罵曹氏之奸者，多徵引《魏氏春秋》之所言，以爲信實。清人趙翼《廿二史劄記》即持此爲史實。《三國演義》更是加以穿插布置，以見曹操之奸狠。

史家學者亦以荀彧因沮諫操進爵國公加九錫而爲操所恨，遂起荀彧爲漢臣、爲魏臣之爭。陳壽《三國志》列荀彧於《魏志》夏侯惇列傳之後，與荀攸、賈詡同卷，范曄《後漢書》列荀彧與孔融等同卷，則可知陳壽以荀彧爲魏臣，《後漢書》以荀彧爲漢臣也。以爲漢臣者，則言彧從曹公本懷欲藉以匡扶漢室，後曹操覬覦神器之心日顯，而彧終能以名義折之，不爲附合之言，飲藥以殉漢，則爲漢臣之心亦明矣。以爲彧爲魏臣者，則言彧協規魏武非不知其志也，「君臣易位，實彧之由。」魏武一見，即以子房許之。雖晚年與魏武有隙，然不宜偏概一生，宜列以爲魏臣。

余於此試加申說。其一，荀彧之死未必爲曹公所逼而服藥自盡。陳壽《三國志》已明載其以病留壽春，以憂病而死。若果如《魏氏春秋》所載。陳壽何以不採?觀陳壽作《三國志》雖多有爲司馬宣王所諱處，而於曹操則不必爲諱也。且陳壽既據實記寫荀彧與董昭密議之沮辭，又明書曹操心不能平之恨意，則不必再諱遣人饋食之舉。可知陳壽作史不以《魏氏春秋》之說為可徵。觀東吳陸遜出將入相，深為孫權所親重，孫權擬之為伊尹、呂尚，然其後用陸遜屢諫不可橫廢太子孫和，而致使君臣翻臉。權數遣中使責讓遜，遜憤恚而卒。陸遜之死，頗類荀彧。然世人不以陸遜為孫權賜死，而以荀彧為曹操逼死，則世人寬以待權，嚴以待操之情可見也。且荀彧之見辱於操，更輕省於陸遜之見重責於權。荀彧與董昭之言本為密議，曹操之恨彧，亦因董昭密以荀彧之言相告，則荀彧與曹操之隙，以僅為少數人知曉，而並沒有鬧到滿城風雨的地步，彧與操也沒有鬧到完全決裂的地步。只是操已不再若往日信重於彧，或因而甚感失意憂悶，更兼疾病，而致身亡。若僅執晚出一百三十餘年以後的裴松之所引獨家之說而否定陳壽所記，實覺不妥。

其二，荀彧與曹操的矛盾，按《三國志》所載，則僅因此事而致嫌隙，而於中穿插亦僅董昭一人。荀彧以仁厚見稱。而董昭全靠搞陰謀詭計起家，曹操之受魏公、魏王皆董昭一手謀劃。荀彧沮阻董昭之為，董未必不見恨而致譖於操。而據裴注所引《獻帝春秋》則操與彧之矛盾始於彧先知伏後與其父伏完之書有甚怨曹公殺董承之意，而彧久隱不言於操。裴松之已於引文之後加按語訴其虛罔。觀引文所言，伏後作書之事可推在官渡之戰以前，操已陰爲之備。若如此則彧與操不相諧於官渡之戰以前矣，此等謊言不攻自破。則蓋可知荀彧與操之矛盾僅由《三國志》所載一事而起。

其三，荀彧反對曹操進爵國公，未必一定於操有損。觀荀彧於建安九年諫阻曹操擬復古制設置九州言，可知荀彧此番諫阻曹操進爵國公亦與其意相同。當時有人向曹操提議：「宜復古置九州，則冀州所制者廣大，天下服矣。」曹操將從之，彧諫曰：「今使分屬冀州，將皆動心。且人多說關右諸將以閉關之計；今聞此，以爲必以次見奪。一旦生變，雖有守善者，較相脅爲非，則袁尙得寬其死，而袁譚懷貳，劉表遂保江、漢之間，天下未易圖也。願公急引兵先定河北，然後修復舊京，南臨荊州，責貢之不入，則天下咸知公意。人人自安。天下大定，乃議古制，此社稷長久之利也。」荀彧之議之所以爲操所採納即荀彧乃爲操所設謀也。荀彧勸操不可進爵國公，以露篡漢之形，亦爲操所忠謀也。

觀范增之初見項梁即勸其擇立楚王以從民望，觀項王之類不在垓下之戰而在徙義帝使群臣稍稍叛之，觀漢王東伐爲義帝縞素而天下歸心，觀後世朱洪武以「廣積糧，緩稱王」爲旗幟，可知荀彧勸曹操不急踐公、王之位，用意頗深。然操不能用荀彧之勸，反以荀彧居心不良。其間當亦與董昭煽動有關。

若曹操於漢帝能用荀彧之言，取荆州以後能用賈詡之言，然後移書漢中、巴蜀，勒軍觀變於東吳，則天下之事未必定許三分。此亦荀彧所盼於曹公。若曹公能如此一統天下，則於荀彧不會有漢臣、魏臣之爭，陳壽不會嘆其「未能充其志也」。

荀彧以劉邦視曹操，然曹操終無劉邦之度，反似項羽之多疑，所以荀彧憂病卒於壽春，與范增「行未至彭城，疽發背而死」，大體相似。宗吾先生曾嘲笑范增臉皮不厚，不能隱忍一下，忿然求去，把自己的老命和項羽的江山一齊送掉了。荀彧先生也有此病，雖智高無比，天下存亡攏在手中便可算得來，然忍不得曹阿瞞一點小氣，便含恨而去了。對於范增，人們不會去爭論他是否爲項羽之臣，而荀彧死後人們不知列他於漢室廟中，還是魏國廟中去祭奠，能不悲乎！

曹操之張良與蕭何

曹操擬鍾繇爲蕭何，以荀彧擬張良，惜曹操未能好好用之。

曹操每喜自比漢高祖，而以臣下比擬於高祖群臣。當曹操於官渡與袁紹攏壘相對時，鍾繇奉命安撫關中諸軍，馬騰、韓遂皆聽從鍾繇之勸，遣子入侍，西北安定。繇因送西北良馬二千餘匹以給曹操，操得馬甚喜，遂作書謝曰：「得所送馬，甚應其急。關右平定，朝廷無西顧之憂，足下之動也。昔蕭何鎭守關中，足食成，亦適當爾。」即以鍾繇擬蕭何。

曹操初見荀彧，大悅，即許之曰：「吾之子房也。」即以荀彧擬張良。

後曹操得荀彧之侄荀攸，甚是賞識，用爲軍師，每隨曹征伐，多建奇策。操於柳城還，過攸舍，稱述其功勞，並許之曰：「今天下事略已定矣，孤願與賢士大夫共饗其勞。昔高祖使張子房自擇邑三萬戶，今孤亦欲君自擇所封焉。」則亦有以子房許荀攸之意。曹操於建安十二年下令大論功行封之時，亦有言：「忠正密謀，撫寧內外，文若是也。公達其次也。」亦以二荀為一體，則二荀全為一張良也。惜曹操未能好好用之。

曹操曾問荀彧曰：「誰能代卿為我謀者？」荀彧答道：「荀攸、鍾繇」。荀彧頗有知人之明，為操引薦諸多謀士，其中郭嘉最為操所愛，惜其早卒。操於赤壁大戰之後曾痛表郭嘉，以為「郭奉孝在，不使孤至此。」

綜觀以上諸人，或為荀彧所引薦，或為荀彧所稱善，而皆為曹公所重用，於曹公的大事業皆立下了汗馬之功。觀人宜觀其友，與荀彧所善之人於曹營之中可算正派之人，然皆非死心塌地為漢室盡忠之人，可知荀彧之本心。若從荀彧與操首建之策來看，荀彧乃操之總謀主，而荀攸、鍾繇、郭嘉等僅是實現荀彧所規之宏圖的小謀主。若從《後漢書》之例，把荀彧與孔融等並為卷，視為一氣，必令孔文舉氣憤，必令孔融大罵。

曹操心雖黑，而臉皮不夠厚，忍耐不住讓漢獻帝多坐一些日子的帝位，忍耐不住讓天下一統以後再來過王位的癮，不惜與自己視為子房的荀彧先生鬧翻臉，終使天下之分，含恨九泉。

天下事就是這般巧，曹操本與荀彧並肩了許多年，只因曹操臉皮稍薄一點，便成了千古第一奸臣，而荀彧只因臉皮厚那麼一點，便成了名節之士。裴松之於其本傳後贊曰：「蒼生蒙舟航之掾，劉宗延二紀之祚，豈非荀生之本圖，仁恕之遠致乎？及至霸業既隆，翦漢跡著」，然後亡身殉節，以申素情，全大正於當年，希誠心於百代，可謂任重道遠，志行義立。謂之未充，其殆誣歟！裴氏這般於無佛處稱尊，當令荀生羞愧。

曹操之陳平

賈詡一生與陳平有許多驚人的相似之處，以賈詡為曹孟德之陳平當不為過。

曹操自建安十五年以後相繼頒布三道求賢令，推行「唯才是舉」的方針，以求取人才。而三道求賢令之中皆深稱陳平，以爲雖爲德名而才堪濟世的英才。陳平有盜嫂受金的污名，且又自稱：「我多陰謀，是道家之所禁。吾世即廢，亦已矣，終不能復起，以吾多陰禍也！」則可知其爲心黑臉厚之人，曹操能引姓爲同調，當在意料之中。

觀曹操身邊所聚之人，其德行可異而才智可用者甚多，此屬皆可謂陳平之流也。而其中最爲突出者當推賈詡。是以陳壽著《三國志》列之於荀彧、荀攸一卷，且於傳後評曰：「荀攸、賈詡，庶乎算無遺策，經達權變，其良、平之亞歟。」即以賈詡擬爲陳平。

至裴松之作注，深怪陳壽置賈詡於二荀一篇，並云「且攸、詡之爲人，其猶夜光之與蒸燭乎！其照雖均，質則異焉。」裴松之所以有此議正是瞧不起賈詡的爲人，正是因爲「張子房青雲之士，誠非陳平之倫」的揚張貶陳的思想作怪。

裴氏的這種論調早爲曹操所批評，作爲歷史學家之識見亦下先賢陳壽、司馬遷遠矣。司馬遷於論陳平有云：「陳丞相平少時，本好黃帝、老子之術。方其割肉俎上之時，其意圖已遠矣！傾側擾攘楚、魏之間，卒歸高帝。常出奇計，救紛糾之難，振國家之患。及呂后時，事多故矣，然平竟自脫，定宗廟，以榮名終，稱賢相，豈不善始善終哉！非知謀孰能當此者乎！」則佩服讚美之情溢於言表，而無一句輕視嘲弄之語，可知司馬遷的見識非同尋常，可視作史學界的漢高祖；

裴氏之見，不過宋襄公之屬。

賈詡與陳平的確有幾分極相似處。賈詡尚未知名時，西還至汧，途中碰上了造反的氐人，同行數十人皆被氐人捉獲，將欲坑埋。賈詡騙氐人曰：「我乃段太尉外孫，你們不要害我，我家一定會拿重金來贖我。」段太尉即段熲，久為邊將，甚有威名。賈詡本非段氏外孫，故意以此言嚇唬造反的氐人。氐人果然害怕段太尉，不敢加害於他，與他結盟後，即送他返回。其餘捉獲之人，皆為氐人坑殺。賈詡脫身之計與陳平裸身避禍頗為相似。陳平棄項羽仗劍而歸劉邦，渡河，船人渡見其相貌俊美，又仗劍獨行，懷疑他是腰懷金寶的逃亡之將，目久視之，有欲中渡殺平。平知其意，即解衣裸身，幫助船人撐船。船人見其無財，即無謀殺之意。觀陳平所以脫身，乃知其謀財而示之無財；賈詡所以不死，乃知其懼威而誑之以威，所以陳平與賈詡乃同出一計。二人臨危不懼，察言觀色，迅速應變，終能於死裡逃生。二人亦得力於臉厚，陳平裸身而不以為恥，賈詡稱甥而不臉紅，是以陳平無言而息船人謀害之心，賈詡虛言而氐人迎之坐上。是以賈詡於少時閻忠即謂其有陳平之奇，此言不虛。

賈詡先爲董卓所用，後輔李傕、郭汜，後依段煨，後托張繡，終說張繡而歸曹操。曹操一見，即執詡手曰：「使我信重於天下者，子也。」表詡爲執金吾，封都亭侯，遷冀州牧。冀州未平，留參司空軍事。此番經歷亦頗與陳平相似。陳平先從陳涉所立之魏王；後亡，去奔項羽麾下；再亡去投劉邦。陳平與劉邦一見相悅，邦問平：「子之居楚何官？」平答曰：「爲都尉。」劉邦於是日即拜陳平爲都尉，使爲參乘，典護軍。劉邦手下諸將皆笑劉邦發瘋：「大王一日得楚之亡卒，未知其高下，而即與同載，反使監護軍長者！」劉邦聞言，反更加親信陳平。後以陳平爲護軍中尉，每每大事相謀。可見劉邦之於陳平，與曹操之於賈詡極相似。

曹操與袁紹相抗於官渡時，操糧方盡，詞計於賈詡，詡即進言宜以奇計勝之，爲操所納，終傾袁紹之大軍。後曹操西與韓遂、馬超戰於渭南，超等割地求和，操以問詡，詡即言可以僞許之。操又問所謀之計策，詡云：「離之而已。」操聞言即解悟，遂大破馬超、韓遂諸軍，平定關中。觀賈詡所用之計，亦乃陳平所用窺機反間之計。當項羽圍劉邦於滎陽，劉邦請割滎陽以西以和而項羽不許之時，劉邦求計於陳平，平即獻計曰：「大王誠能捐出數萬斤金，行反間，間其君臣，以疑其心，項王為人意忌信讒，必內相誅。漢因舉兵而攻之，破楚必矣。」劉邦聞計大喜，即付黃金四萬斤與陳平，「恣所為，不問其出入」。於是項羽不信大將鍾離眜等，又疑忌亞父范增。劉邦乘機與陳平於夜間突圍而入關。若劉邦不用陳平之反間計，縱然項羽於鴻門宴上沒有斬殺劉邦，此以定難逃脫性命。雖陳平所為之事，君子以為不齒，然其厲害之處，正使君子難以抵擋。賈詡所進之計即取法於陳平，曹操本是此中人物，所以賈詡稍一點撥，曹操即頓悟曰：「解」。曹操之能領會賈詡之計，亦猶劉邦之能領會陳平之計。

觀陳平、賈詡二人晚年之所為，亦頗相似。賈詡因非曹操老臣，朝中亦無依托，所以於曹丕有所暗助，嘗獻謀曰：「願將軍恢崇德度，躬素士之業，朝夕孜孜，不違子道。如此而已。」即勸曹丕臉要修厚，厚則能為操所愛，厚則能抵御曹植。而當曹操摒除左右，以問立太子之事，詡裝作出神的樣子，而不立即回答曹操。操復追問：「與卿言而不答，何也？」詡即答曰：「在下適有所思，故不即對耳。」操又問：「何思？」詡曰：「思袁本初、劉景升父子也。」曹操大笑，於是立曹丕爲太子。賈詡之欲薦丕，又恐爲操所疑，而婉轉以他言達其意，終能獲操之心，可謂善諫者。觀東吳孫權因於孫和、孫霸有所猶豫，亦與曹操同意也，然東吳之臣沒有一人能如賈詡使王子有善德之名，又使君主聽其諫言不致疑忌。賈詡因先有結於曹丕，故曹丕即位以後，甚爲重詡，以詡爲太尉，進爵魏壽多侯。詡於曹操晚年，因既非操之舊臣，又以策謀深長見稱，懼爲人猜疑以讒君王，故「園門自守，退無私交，男女嫁娶，不結高門」，以遠禍避害。觀賈詡一生，亦可謂深謀遠慮，善始善終者。

陳平曾奉高祖之命斬樊噲，而平以哈爲劉邦故人，功多，又乃呂后之妹呂嬃之夫也，因而違命不斬，而以檻車使詣京城。因而高祖崩後，陳平不以殺樊噲而得罪諸呂。陳平於呂后時，能曲意順從呂后，自爲韜晦之計。呂嬃數讒呂后云：「陳平爲相非治事，日飲醇酒，戲婦女。」陳平聞之，不以爲意，反更恣意而爲。呂后聞之，竊喜，以爲陳平無圖己之意。及呂后崩，誅諸呂。立孝文皇帝，陳平爲其主謀。孝文帝二年，陳平以丞相卒於位，謚爲獻侯。觀陳平於呂后時所行之事，當令自持節義者羞憤；而及呂后死後，陳平所行之事，又令憤恨諸呂者稱快。若陳平不臉厚，必見害於呂后；若陳平不心黑，呂后以後的江山，未必能這般安穩。興漢之功，張子房可謂高於陳平；而安漢之功，其誰又可與陳平並論耶？

賈詡晚年所爲皆效法於陳平，亦明矣。

綜然賈詡一生，的確與陳平有許多驚人的相似之處，以賈詡爲曹孟德之陳平，當不爲過。陳平、賈詡雖爲厚黑中頗有修爲的人物，然尙可謂有「忠正心」，若無「忠正心」，則入爲曹操、司馬懿之流矣。所以其「黑」，猶有未至。

天災與人禍——賈詡言孫、劉不可攻

賈詡的策略用厚黑學的理論來分析即行黑不能勝之，必轉而行厚；若不知此變化，强而行黑，必自受其禍。

建安十三年，曹操用荀彧之計，以輕兵直出宛、葉，輕取荆州。當此之時，劉琮束手就降，劉備倉皇逃遁，東吳上下震恐。曹操於是傳檄孫權，修治水軍，欲順江東下以伏孫權。

賈詡即諫曹操云：「明公昔破袁氏，今收漢南，威名遠著，軍勢既大；若乘舊楚之饒，以饗吏士，安撫百姓，使安土樂業，則可不勞衆而江東稽服矣。」

曹操不肯採納賈詡之言，終遭赤壁大敗。歷史事實已證明曹操順江東下的錯誤與賈詡養兵安民的明智。

當時不僅賈詡已預見孫、劉之不可克，而且程昱亦有預言。劉備奔吳以後，曹操手下許多人都以爲孫權必定會殺掉劉備，而程昱卻分析預料道：「孫權新在位，未爲海內所憚。曹公無敵於天下，初舉荆州，威震江表，權雖有謀，不能獨當也。劉備有英名，關羽、張飛皆萬人敵也，權必資之以御我。難解勢分，備資以成，又不可得而殺也」。則程昱不惟預見到了孫、劉之不可爲操攻克，而且預見到了難解勢分之後，三分鼎立的趨勢。

裴松之不見於此，反於賈詡諫言之後加長篇按語以肯定曹操南征之舉而以賈詡之言不合時宜。其中有云：「至於赤壁之敗，蓋有運數。實由疾疫大興，以損淩厲之鋒，凱鳳自南，用成焚如之勢。天實爲之，豈人事哉？然則魏武之東下，非失算也。詡之此規，爲無當矣。」裴氏即把曹操之敗，委之天命，何其無識也。

項羽困敗垓下之時，曾感嘆：「天亡我，非用兵之罪也」，司馬遷曾笑此言「豈不謬哉！」劉備於夷陵爲陸遜大破之後，亦曾慚恚曰：「吾乃爲遜所折導，豈非天邪！」後人盡知劉備之敗，並非天欲敗之。是以裴氏稱曹孟德之敗於赤壁爲「天災爲之，豈人事哉」，亦爲謬言。

曹操南征之敗，裴氏認爲主要由於疾疫大興與南風大作。南風之起，非江北不知，知而不能預作防備，是失其明。南風大作於隆冬之季，若孫劉有智者能預知，是智勝於操；若非有能預知者，只不過乘南風之作而連作此火攻之計，而操見南風大作卻不以爲意，則亦是智勝於操；黃蓋詐降於曹操，操卻不識其詐，使其詐降之計得乘此難遇之風，遂成焚如之勢，可知操之敗非天欲敗之，實是智有所未及也。余生長於荆州，知隆冬之間。偶作南風，並非奇異之事，亦見瑞雪飄飄，而南風不息之天候。加以江面寬闊，又無大山障隔，風勢更猛於平野山林。

孔明、周瑜久在南方能知性，而曹公久在北方不能達其情，是以為孫、劉所乘，更可知曹公之失在於智。

至於疾疫大興，亦乃遠征之常情。周瑜與孫權言曹操犯兵家之四忌，其最後一忌即「驅中國士衆遠涉江湖之間，不習水土，必生疾病。」是以周瑜能預知操軍必疾疫大興。曹操之謀臣郭嘉在北方時常言：「吾往南方，則不生還。」以北方之人初到南方易生疾疫也。所以曹操當知疾疫之必興於大軍。所以曹操於赤壁大戰敗後，極為懷念郭嘉，誠有以也。

是以賈詡、程昱、孔明、公瑾，皆能見曹操之必敗，則其敗征早現矣。曹操不聽賈詡、程昱之諫，而終致大敗。敗後反推委於天命，天豈不叫屈哉！

賈詡之所諫，與周瑜之所懼，正相合也。周瑜與孫權言曹操犯兵家四忌之前有云：「今使北土已安，操無內憂，能曠日持久，來爭疆場，又能與我校勝負於船楫，可乎？」周瑜於赤壁大戰之前不懼曹操，正因曹操不具備這樣的條件；若曹操能納賈詡之諫，則具備周瑜所列之條件又有何難哉？是以蓋知賈詡之言為善。

曹孟德因輕取荊州，而為勝利衝昏頭腦，復欲輕取孫權，終致大敗，是其不能忍急功之情。心雖黑，而臉猶有不厚。賈詡所教之策，即為厚之計，而操不能取。眞是辜負了一片厚意。

及曹丕登位以後復問詡吞吳蜀之策，賈詡復進曰：「攻取者先兵權，建本者尙德化。陛下應期受禪，撫臨率土，若綏之以文德而俟其變，則平之不難矣。吳、蜀雖蕞爾小國，依阻山水，劉備有雄才，諸葛亮善治國，孫權識虛實，陸議見兵勢，據險守要，泛舟江湖，皆難卒謀也。用兵之道，先勝後戰，量敵論將，故舉無遺策。臣竊料群臣，無備、權對，雖以天威臨之，未見萬全之勢也。昔舜舞干戚而有苗服，臣以為當今宜先文後武。」曹丕不聽賈詡之勸，「後興江陵之役，士卒多死」。此則賈詡又言孫、劉之不可攻於曹丕也。丕又不聽詡言，覆蹈其父敗跡矣。

揣摩賈詡之言，非言孫、劉之必不可伐，必以為汝曹丕小兒，莫以為坐上了御座就有什麼了不得，汝所行之厚，不過我賈詡所指點一二，汝所行之黑，焉及爾父之萬一，以爾父之才，尙不能如孫權、劉備，汝復欲誇口吞吳滅蜀，豈不是自取其辱？曹丕見賈詡有輕己之意，便嚥不下這口氣，偏要出師江陵，果如賈詡所言。

賈詡二進孫、劉不可攻之策於曹操父子，父子皆不採而受其敗。賈詡的策略用厚黑學的理論來分析即行黑不能勝之，必轉而行厚；若不知此變化，強而行黑，必自受其禍。

天機與人事——劉曄言吳、蜀之可襲

劉曄於天下事變能曉其機鋒，但缺乏奇計配合施行，終不能使主上信用採納，深為可惜也。

劉曄可稱三國時頗有遠見的戰略家。觀其一生所料敵勢兵情，多能知其先機，屢言屢中。曾爲曹操進襲蜀之計，爲曹丕進襲吳之計，皆不被採納，後世頗爲操、丕嘆息抱憾。

建安二十年三月，曹操西征張魯，時劉曄爲主簿隨軍。克盡險阻，秋七月，軍至陽平。張魯使弟張衛與大將楊昂等據險築城堅守，曹軍久攻不能拔。又因山道艱險，軍糧有不繼之虞，操遂有還軍之意。便令劉曄督後軍，自引大軍先退。曄以爲張魯非不可克之敵，今因糧道不繼而退，亦是勞軍甚苦，因急馳往曹操營中，勸其留軍反攻。時張魯守軍見曹兵已退，遂致鬆懈。曹操密遣將乘險夜襲張魯之軍，斬殺楊任，攻潰張衛，張魯潰奔巴中。操乘勝進軍南鄭，巴、漢皆降，遂平漢中。曹操得平漢中可知劉曄之功不小。然事亦有巧合。若操不先退兵，則不能鬆懈張魯守備之軍，則奇襲之計不能施行。正如曹操與袁紹相抗官渡，久持不下，賈詡進曰：「必決其機，須臾可定也。」曹操正是把握住了兵情變化之機，方得以出奇制勝，變遲爲速。

漢中平定之後，劉曄接著又進言道：「明公以步卒五千，將誅董卓，北破袁紹，南征劉表，九州百郡，十並其八，威震天下，勢慴海外。今舉漢中，蜀人望風，破膽失守，推此而前，蜀可傳檄而定。劉備，人傑也，有度而遲，得蜀日淺，蜀人未恃也。今破漢中，蜀人震恐，其勢自傾。以公之神明，因其傾而壓之，無不克也。若小緩之，諸葛亮明於治而爲相，關羽、張飛勇冠三軍而爲將，蜀民既定，據險守要，則不可犯矣。今不取，必為後憂。」

曹操不許其計，率大軍而還。

裴氏注引《傅子》曰：「居七日，蜀降者說：『蜀中一日數十驚，備雖斬之而不能安也。』太祖延問曄曰：『今尚可擊不？』曄曰：『今已小定，未可擊之』。」裴氏即因此而立論曰：「魏武後克平張魯，蜀中一日數十驚，劉備雖斬之而不能止，由不用劉曄之計，以失席卷之會，斤石既差，悔無所及。」

余以為裴氏所引《傅子》之言為可疑，裴氏以《傅子》之事而立言，亦難立矣。

《三國志·蜀書·先主傳》有云：「二十年，孫權以先主已得益州，使使報欲得荊州。先主言：『須得涼州，當以荊州相與。』權忿之，乃遣呂蒙襲奪長沙、零陵、桂陽三郡。先主引兵五萬下公安，令關羽入益陽。是歲，曹公定漢中，張魯遁走巴西。先主聞之，與權連和，分荊州江夏、長沙、桂陽東屬；南郡、零陵、武陵西屬，引軍還江州。遣黃權將兵迎張魯，張魯已降曹公。曹公使夏侯淵、張郃屯漢中，數數犯暴巴界。先主令張飛進兵宕渠，與郃等戰於瓦口，破郃等，〔部〕收兵還南鄭。先主亦還成都。」此段文字記述劉備於建安二十年行踪甚爲明晰。《傅子》所引降者之言，頗令人見疑。

其一，劉備在曹操進攻張魯之時，據上文所引《先主傳》則可知劉備並不在蜀中，而遠在荆州將與孫權爭三郡。後聞曹操擊敗張魯，張魯奔走巴西，才急忙與孫權言和，引軍還蜀，抵達江州（即今四川重慶市）。因聞張魯奔巴西，即遣黃權將兵迎張魯，而權兵未至，而魯已降曹。據《三國志·魏書·武帝紀》可知曹操斬楊任，破張衛，迫使張魯潰奔巴中，時在建安二十年秋七月。則可知劉備於是年七、八月間尚在荆州。則降者所謂「蜀中一日數十驚，備雖斬之而不能安也」，乃謊言。劉備根本不在蜀中，亦無斬之而不能安之事。又按《武帝紀》知張魯自巴中將其金衆降曹，時在是年十一月，則可知劉備於此時尚在江州之間。《武帝紀》又載是年十二月，曹操自南鄭還，留夏侯淵屯漢中，則知張飛之敗張部等當於是年十二月以後，或當在建安二十一年初，則劉備回成都亦大略在此間。《三國志·吳書·孫權傳》亦明書「備歸而曹公已還」。推尋《三國志》諸紀傳所載劉備行踪，可知《傅子》所記「備雖斬之而不能安也」，乃虛妄之詞。劉備遠在荊州，何能於蜀中斬殺驚惶之人？

其二，所謂「蜀中一日數十驚」，乃誇張之詞。曹操能否克取張魯，本於兩可之間。若張魯固守軍不因曹操退兵而懈怠，則偷襲之計難以得逞，久拒又有乏糧之虞，只能無功而還。建安二十四年劉備斬夏侯淵據有漢中，曹操率數十萬之師親征，劉備斂衆拒險，終不交鋒，曹操積月不拔，無功而還，可作爲後證。是以曹操能取漢中靠的是謀勝，而非力勝。蜀中之險又遠勝於張魯之所憑，則蜀中不至於害怕曹操達到「一日數十驚」的程度。若使蜀中有所驚懼，只要達到一日數驚，已是非常嚴重的事了，何至於能承受得起一日數十驚？焉有「一日數十驚」而不亡國者？所以「蜀中一日數十驚」乃爲誇飾不實之詞。

其三，此言出自降者之口，亦未可以深信。《傅子》不言降者爲誰，他書亦不見載時有蜀將降曹，則其所謂降者亦難信其實有；即便實有降者，亦爲小吏細卒，並不知軍國大事，信口胡謅，以討好獻媚。

其四，所謂「居七日」，亦讓人見疑。「居七日」，是指張魯潰奔巴西，劉曄急進獻乘勢伐蜀之策以後的第七天。七天的時間，在我們今天看來是很長很久，但在當時則是很短很緊的。從蜀中到漢中，大山連綿，艱險非常，自古就有「蜀道難難於上青天」之嘆。短短的七天的時間，降者何以能越過千難萬險，到達曹丞相麾下。且曹操破張魯的軍情，細作使入成都，亦得幾天的時間，降者七天以後即能抵達此間，難道不令人懷疑。

綜上所述，裴注所引《傅子》之言，頗多可疑之處，裴氏又以此立論，則亦欠說服力。

劉曄勸曹操乘勢揮兵定蜀，其道理已盡於所言之中。其大意即以劉備得蜀日淺，尚未能站穩腳根，今破漢中，蜀中震恐，可乘勢而定之。不然其後難除。

劉曄此議，後世多有附議者。宋代大文豪家東坡即贊同劉曄之論。

曹操於建安二十年三月出兵西征張魯。七月始破陽平矣，擊潰張魯。十一月張魯來降，漢中才眞正安定。此時操已遣名將張郃叩擊巴中，並無大功。十二月，操遣夏侯淵、張郃守漢中，自率大軍還。往返幾乎用了一年的時間。自七月擊潰張魯，劉曄進乘勢取西蜀之策，至十二月班師，亦將近有半年的時間，曹操未必不愼重考慮劉曄的提議，而操終不用劉曄之謀，一定有其原因。我們可以作些揣摩。其一，蜀道艱險，輸運困難，則失其地利；其二，漢中新定，未服其心；軍士久征，疲病勞苦不堪，則失人和；其三，孫、劉本相爭荆州，今聞操取漢中，蜀割地與吳言和，則蜀存死守之計，吳有東窺之心；其四，進兵則無必勝之算，敗兵則有覆沒之災。其五，曹操當不會忘記七年前的赤壁慘敗。當時進兵的時機、境況與今日頗爲相似。七月出征劉表，九月到新野，劉琮出降，劉備走夏口，十二月自江陵順江南下，與劉備、周瑜大戰於赤壁，兵敗而還。當日破荆州與今日取張魯已有易難之別，當日之孫權亦若今日之劉備，當日之劉備亦即今日之孫權。當日孫權有長江之險，今日劉備有蜀道之險。昔日敗後猶可縱馬而歸去，今日若敗，則不堪設想。有此五懼，操焉敢托大？是以操不用劉曄之謀。

我們不能說劉曄之謀不無道理，亦不能說曹操若用劉曄之謀，則必能取蜀。夫善戰之士，不是迫不得已，則不用險計；不是迫不得已，不打無把握之仗。夫兵，詐道也，又不可以常情言之；用兵之巧者，往往能以弱克強，以人之以爲必敗而勝人之以爲必勝。是以曹操不用劉曄之謀，乃求萬全之計；劉曄進獻急取之策，乃欲用詐道。若以劉曄所進之策，勝爲上策，敗爲下策，則曹操所取乃不進不敗的中策。是以後人不必為曹操不用劉曄之計而遺憾。若必如此，也是自尋煩惱。你我皆千百年以後之人，焉能知當日情勢是宜進宜退？若言劉備入蜀日淺，尚未站穩腳根，何以劉備有膽量親率五萬大軍遠赴荊州，欲與孫權爭利？若言曹操攻蜀必克，何以昔日不能征服孫權，當日不能令張郃勝張飛，後日又不能極夏侯淵於劉備手中復奪漢中？可知曹操非無心吞蜀，蜀非不堪一擊。

至曹丕時，劉備為報吳襲關羽取荊州之仇，率大軍東擊吳。孫權遣使於魏，稱藩禮敬。衆臣皆賀，唯劉曄諫曰：「吳絕在江、漢之表，無內臣之心久矣。陛下雖齊德有虞，然醜虜之性，未有所感。因難求臣，必難信也。彼必外迫內困，然後發此使耳，可因其窮，襲而取之。夫一日縱敵，數世之患，不可不察也。」曹丕不聽劉曄之勸；納其降而以觀變。後陸遜大敗劉備，吳之禮敬轉廢，曹丕復欲與兵伐之。劉曄以為「彼新得志，上下齊心，而阻帶江湖，必難倉卒。」曹丕不聽，終出師無功。

觀劉曄先所進伐吳之策，頗是厲害。若丕能聽其計。孫權必難以招架。然能否一舉而滅吳，則取決於蜀國的態度。觀劉備先與孫權有荊州三郡之爭，後因曹操破張魯，而劉備割地與東吳言和。今若曹丕傾國而攻東吳，東吳未必不效劉備當年割地之計，諸葛孔明是一直堅持聯吳抗曹的人，又是劉備手下的紅人，未必不能說服劉備而重新與東吳結好。且陸遜頗善用兵。當劉備敗退白帝時，諸將多言攻入白帝，劉備可擒，孫權以遜，遜以爲不可，宜防曹丕出兵。可知陸遜一直沒有忽視北方的敵人。所以劉曄之策，若爲曹丕所用，固然厲害，但若事如上所言，則出兵只是爲劉備幫一次大忙，使劉備重新擁有荊州。

劉曄於天下事變，頗能抓住機鋒。若能於此機鋒之間，再有謀士設以奇計，而又能主臣一心，奮勇圖之，則大事濟矣。劉曄能曉其機鋒，但缺乏奇計配合施行，終不能使主上信用採納，深爲可惜也。

曹丕不聽劉曄之勸，舉兵征吳，無功而還，曾謂劉曄云：「卿策之是也。當念爲吾滅二賊，不可但知其情而已。」曹丕之言，雖會責備怨情，但也是點到了劉曄的要害，劉曄能知其情勢，卻不能獻奇計以順其情勢。亦即於厚黑頗有研究心得的人，但行起厚黑來卻黔驢技窮。願君等莫作此輩。

楊修之被誅

曹操誅楊修非因其文章之美，乃因其才策過人，恐生後患。

《三國志·魏書》卷二十一於王粲等六人傳後有云：「自潁川邯鄲淳、繁欽、陳留路粹、沛國丁儀、丁廙、弘農楊修，何內荀緯等，亦有文采，而不在此七人之例。」因而《三國志目錄》列此七人之目，而實無七人之傳。此例又同於十二卷以婁圭、孔融、許攸三人附敘片言於崔琰之後。陳壽於此十人有存而不論的意思，至裴松之則征引頗多，以期明其事跡。根據陳壽原文以及裴氏注引，試論楊修之死亡如下。

楊修爲曹操所殺，陳壽於《三國志·曹植傳》已記寫得很明白：「植既以才見異，而丁儀、丁廙、楊修等爲之羽翼。太祖狐疑，幾爲太子者數矣。而植任性而行，不自彫勵，飲酒不節。文帝御之以術，矯情自飾，宮人左右，並爲之說，故遂定爲嗣。二十二年，增置邑五千，並前萬戶。植嘗乘車行馳道中，開司馬門出。太祖太怒，公車令坐死。由是重諸侯科禁，而植寵日衰。太祖既慮終始之變，以楊修頗有才策，而又袁氏之甥也，於是以罪誅修。植益內不自安。二十四年，曹仁爲關羽所圍。太祖以植爲南中郎將，行征虜將軍，欲遣救仁，呼有所勅戒。植醉不能受命，於是悔而罷之。」

明白地交待了楊修被曹操所殺的眞實原因。但亦有兩個疑點。其一，曹操究竟是借什麼罪名殺害楊修，我們不得而知。其二，具體誅殺於什麼時間，我們不能確定。

我們所熟知的楊修因「雞肋」之語而爲曹操借故誅之，來源於《三國演義》；而《三國演義》作者大致由裴注引《九州春秋》之語編撰而成。《三國志·魏書·武帝紀》於曹操引兵極漢中事後，裴注引《九州春秋》曰：「時王欲還，出令曰『雞肋』，官屬不知所謂。主簿楊修便自嚴裝，人驚問修：『何以知之？』修曰：『夫雞肋，棄之如可惜，食之無所得，以比漢中，知王欲還也。』」這大概就是《三國演義》作者所據的原始資料。然此則資料也未說明曹操借此而誅楊修。

又裴氏於《曹植傳》中引《典略》有云：「植故連綴修不止，修亦不敢自絕。至二十四年秋，公以修前後漏洩言教，交關諸侯，乃收殺之。修臨死，謂故人曰：『我國知以死之晚也。』其意以爲坐曹植也。」

《九州春秋》雖不言曹操以「雞肋」之事殺楊修，然以爲曹操引兵救漢中時，楊修尙爲主簿。而是時爲建安二十四年四月。而《典略》已明書建安二十四年秋誅楊修。則二書所記載的時間與陳壽所記不合。陳壽係誅楊修於建安二十二年至二十三年之間，不係之於建安二十四年關羽圍操仁、曹操救漢中之後。則《九州春秋》所記之事難爲實有，《典略》所記之時不可深信。

裴又引《世語》記載楊修教授曹植諸事，事後洩爲曹操疑忌，「故修遂以交搆賜死」。罪名是很明確的，但亦不言具體見害時期。

楊修在當時很有才名，禰衡曾稱京中人物唯「大兒孔文舉，小兒楊祖德。」曹植、曹丕兄弟都爭與交往。其文章篇什當有可傳於世者，惜其慘遭殺害，鴻文亦流落失散。曹操殺之非因其文章之美，乃因其才策過人，恐生後患。惜其奇謀獨見，不著錄於史籍，後世所流傳稱引者，皆猜迷使巧，趨奉人前的雕蟲小技。

若禰衡、曹操所欣賞的只是楊祖德的這點小伎倆，怎麼能讓人信服呢？

曹操、曹丕父子皆是心黑之輩。楊修先死於曹操的刀下，丁儀、丁廙也沒有逃脫曹丕的魔掌，而且丁儀、丁廙被害得更慘，全家男口盡被誅殺。

觀陳壽不立孔融、楊修等人之傳，實事出自有因。王粲等六人實與孔融於時並稱為「七子」，而陳壽作史獨棄孔融而並載其餘六人，因其六人相善於曹丕，而孔融獨見害於曹操也。且融與崔琰、許攸、婁圭皆因不遜於曹操而為所害，陳壽卻稱：「而琰最為世所痛惜，至今冤之」。實乃因崔琰曾於司馬朗面前極力稱揚其弟司馬懿云：「子之弟，聰哲明允，剛斷英跱，殆非子之所及也。」因而為崔琰之傳，而不為孔融、許攸等之傳。

楊修與孔融、禰衡等本與曹公不是同一線上的人物，曹操殺禰衡是借劉表殺之，殺孔融是借名教殺之，殺楊祖德則無須所借，直殺之耳。

此可為萬世法

凡再遇劫持之事，只管奮力擊殺，不要去顧惜所被劫持的人質。

曹操東征陶謙，為夏侯惇守濮陽。因張邈叛逆呂布，夏侯惇為其所算，損失甚重。後呂布又遣將偽降，乘便執夏侯惇為質，以勒索珍寶財物，惇軍中震恐。時惇將韓浩，見變如此，即勒軍圍住惇之營門，並召諸將安定諸營，以相配合。然後韓浩徑率軍往夏侯惇被執之所，叱責劫持者云：「汝等凶逆，乃敢執劫大將軍，復慾望生邪！且吾受命討賊，寧能以一將軍之故，而縱汝乎？」並涕泣而對夏侯惇云：「當奈國法何！」隨即摧兵攻擊劫持者。劫持者見韓浩若此，只得嗑頭求饒。韓浩厲聲叱責其罪，不許其求，並皆斬之。夏侯惇亦因以免遭劫持者毒手。

後曹操聞知此事，對韓浩之舉，甚是讚賞，謂韓浩曰：「卿此可為萬世法」。並下令，自今以後，凡再遇劫持之事，只管奮力擊殺，不要去顧惜所被劫持的人質。自此以後行劫持勒索之暴徒，再也沒有了。

東漢安帝、順帝以後，政教凌遲，社會秩序混亂，劫持人質，勒索錢財之事常有發生。劫持之事於漢樂府詩歌中亦有反映。《相和歌辭·相和曲》中有《平陵東》云：「平陵東，松柏桐，不知何人劫義公。劫義公，在高堂下，交錢百萬兩走馬。兩走馬，亦誠難！顧見追吏心中惻。心中惻，血出漉，歸告我家賣黃犢。」此詩便揭露了「義公」被綁架、受勒索的暴行。

暴徒行劫持之罪，每因擔心被劫持者的人身安全而作出妥協，因而匪徒往之得手，並千百年來難以禁絕。曹操從韓浩大膽斬除劫持者並救得被劫持的夏侯惇得到啓發，以不惜人質安全爲最慘重代價，務必擊敗劫持之徒的原則，作爲對付劫持者的強硬辦法，一舉使猖狂已久的劫持罪絕跡。可謂得抽薪止沸，剪草除根之法。

暴徒所倚持者不過人質，若追擊者棄人質於不顧，則匪徒無所倚賴，必至被禽受斬。既曹氏著政令如此，匪徒焉敢玩火自焚。所以此令一改過去投鼠忌哭的作風，而立定玉石俱焚的決心，遂令暴徒聞風喪膽。

此狠毒之計，也只有曹操這樣的狠毒之人才敢大膽施行。所以曹操以後又有人顧念人質之安全，劫持之罪又死灰復燃。當今之世，劫持之事，時有所聞，若舉世皆用曹丞相之法，我想也不會有人再去做劫持的買賣。曹丞相稱此法爲「萬世法」，的確此言不虛。

此「萬世法」，不僅適合於對付劫持者，而且適合於應付種種難以禁絕之事。只不過大家都只顧眼前利益，對於種種弊端又存有舊情，不捨得割捨，所以才會屢禁不絕。

厚黑大師及其衣飾

劉備何以稱英雄

劉備的特長全在臉皮厚，遇到不能解決之事，對人痛哭一場，立即轉敗為功。所以俗諺有云：「劉備的江山，是哭出來的」。

宗吾先生論三國英雄有云：「三國英雄，首推曹操……。其次要算劉備。」他正是接受了曹操的觀點，認爲劉玄德是個了不起的大英雄。世人也都同意劉玄德晉升爲英雄，但心裡多少有些犯疑。每每論及曹操、孫權如何英雄，大家都口若懸河，滔滔不絕，而論及劉備如何英雄，則多少有些氣短。即便是宗吾先生說到劉備也有幾分失魂落魄。

「他的特長，全在臉皮厚：他依曹操，依呂布，依劉表，依孫權，依袁紹，東奔西走，寄人籬下，恬不爲恥；而且生平善器，做《三國演義》的人，更把他寫得維妙維肖，遇到不能解決的事情，對人痛哭一場，立即轉敗爲功。所以俗諺有云：『劉備的江山，是哭出來的。』這也是一個大有本事的英雄，他和曹操可稱雙絕。」

似乎劉備成了一個要飯討嘴的叫化子，成了一個動輒一把鼻涕一把淚的人物。如此猥瑣，如此柔弱，如何稱得了英雄？與其說宗吾先生是誇讚劉備為英雄，還不如說是專揭皇叔的短處。

我們還是來看看與劉備同時的人如何論評。曹操曰：「天下英雄，惟使君與操耳。」曹公對皇叔的評價甚高，卻沒有明確說明他們二人算得上英雄的原因。曹操的謀臣程昱曾這樣勸說曹操：「觀劉備有雄才而甚得衆心，終不為人下，不如早圖之。」程昱之言已觸及到劉備特長，但稍嫌粗疏。曹操之臣能於衆英雄中如此看重尚未立穩腳根的劉備，不可謂不具慧眼。後來曹公聽說孫權以荊州土地借與劉備，「方作書，筆落於地」；正類似於曹公稱劉備為英雄，「先主方食，失匕箸。」二人的失措驚惶之舉，正是英雄識英雄的見證。

再看東吳英傑的評說。在劉表死後，魯肅勸說孫權曰：「今劉表新亡，二子素不輯睦，軍中諸將，各有彼此。加劉備天下梟雄，與操有隙，寄寓於表，表惡其能而不能用也。若備與彼協心，上下齊同，則宜撫安，與結盟好。」魯肅是東吳最有政治眼光的人物，如此看重劉備，正如孔明一樣看到了鼎足而三的大勢。在孫、劉聯合破曹以後，劉備到東吳去見孫權，周瑜即上疏曰：「劉備以梟雄之姿，而有關羽、張飛熊虎之將，必非久屈爲人用者。愚謂大計宜徙備置吳，盛爲築宮室，多其美女玩好，以娛耳目，分此二人，各置一方，使如瑜者得挾與攻戰，大事可定也。今猥割土地以資業之，聚此三人，俱在疆場，恐蛟龍得雲雨，終非池中物也。」周瑜正是看到了劉備不同凡俗的英雄氣度與不可估量的發展前途，因而勸說孫權乘機下手，以絕後患。魯肅與周瑜共以劉備爲「梟雄」，正是披開其仁厚面目，抓住其精神實質矣。不過諸君也不要瞧不起這仁厚的面目。研習厚黑的朋友更不可以「花子相」和「林妹妹臉」而自羞不爲。

玄德長於傍大

劉備成功的奧秘正在於他不失時機地「傍大」。其傍大是有所欲而來，有所得而去，每有取而代之之意。

常言道：亂世出英雄。即謂英雄的出現需要亂世這一特別的環境。爲何在亂世便可製造出這許多的英雄？我想亂世大概既予人以野心，又予人以機會。不過亂世之中，若非眞英雄也不太好過日子，稍不小心就會身首異處。即如袁紹，若生在太平盛世，憑藉其世代公卿的家世，官場必定得意；再如劉璋、劉表等輩，若是在太平之世，作爲劉氏宗親，那州官也必定做得很穩，但身處亂世之際，他們都不算眞英雄，所以都混得很慘。其他如何進、董卓等輩，一時權傾朝野，轉眼間又灰飛煙滅，更是身首異處的代表。可見名門巨吏混亂世界亦頗艱難，而劉備不過只是以販履織席的小商販兼手工業勞動者，何以能名動天下而終登帝基？

我以爲劉備之長，首先在他精於傍大。三國英雄的特起與其他朝代開國英雄的出現有所不同。炎漢之興起於除暴秦，李唐之興起於誅暴隋，大明之興起於驅韃虜，此數代更替之際，皆有振臂一呼天下雲集的效應。而當後漢之末，群雄起事，始發於討黃巾，繼起於除閹豎，再起於誅董卓，皆有勤王扶傾之大義，不同於揭竿而起的革命。所以三國英雄不是農民起義的領袖，而大都是有政治野心的軍閥。劉備從一位普通而孤苦的下層人物躋身於群雄之列，並進而奠定了三國鼎立的局面，的確是艱苦而卓絕的。曹操稱讚他：「天下英雄惟使君與操耳」。劉備聞此言當無愧色。

我們觀察劉備的成長史便可知道劉備成功的奧秘正在於他不失時機地「傍大」。當他十五致於學之時，便拜到了當時的大學問家盧植的門下，而同學又有同宗劉德然、遼西公孫瓚。師事盧植，對劉備來說是極為重要的一步，此舉提高他的政治地位，開闊了他的政治眼光。當今之世也有像劉備這樣「不甚樂讀書，喜狗馬、音樂、美衣服」的先生，每每宣稱自己是某某大師的弟子，正是鑽進了劉備這「傍大」的法門。

劉備的政治嗅覺非常靈敏，當黃巾起義暴發之後，他通過傍富商張世平、蘇雙而得巨額贊助，於是募了義兵，接著去傍劉焉、鄒靖之火，因討黃巾有功而除安喜尉之職。隨著政治風雲的變幻，劉備駕駛著「傍大」之舟精心地選擇著每一個港口，所以後傍何進、毋丘毅而除下密函；後傍公孫瓚、田楷而得平原相；後傍陶謙而領豫州刺史，後傍陳登、孔融等勢而領徐州；後傍呂布以拒曹操、袁術；後傍曹操以爲豫州牧，並滅呂布；後傍獻帝爲左將軍，並謀誅曹公；後傍袁紹以拒曹操；後傍劉表、孫權以拒曹操，並奪取荊州；後傍劉璋以取益州，並成就帝業。

所以劉備每傍依一人，其地位與力量都是一躍而進，而且許多人都被他傍依得落花流水。《三國演義》第二十六回有云：「玄德曰：『備蒙大恩，無可報效，意欲與文將軍同行，一者報明公之德，二者就探云長的實信。』紹喜，喚文丑與玄德同領前部。文丑曰：『劉玄德屢敗之將，於軍不利。既主公要他去時，某分三萬軍，教他爲後部。』」這一段文字正可見文丑害怕玄德，這一「傍大」的災星，有意讓他爲後部，但也仍然逃脫不了滅頂之災。

劉備的「傍大」，可不是簡單的寄人籬下。寄人籬下者必畏畏縮縮，不知進取，為人奴役。而劉備之「傍大」是有所欲而來，有所得而去，每有取而代之的意思。所以他的「傍大」不是去給人當幫閒，不是圖小恩小惠，而是一種以小吞大，以弱並強的手段。

傍大之術，知機為先

傍大之術，不知先機者不能操勝算，可知不識傍大之機，則失之毫釐、差之千里。

三國之際，行傍大之術的人也不少，其中最突出的當數劉玄德與呂布。觀二人之成敗得失，可知傍大之術，不知先機者不能操勝算。

呂布「便弓馬，膂力過人」，號稱「飛將」。在漢末用武之際，若能知機識人，其位當不失侯王之列。然呂布先傍丁原，後殺丁原；再傍董卓，復殺董卓；後又反復於王允、袁紹、袁術、劉備、曹操之間。人不以豪傑視之，而以狼子相待，終為曹操縊殺，為天下恥笑。觀呂布之失，非心腸不狠，臉皮不厚，其失在於不善選擇傍大的對象與時機，所以每爲他人利用，而污名一人獨擔。呂布如果能像張遼、趙亡、甘寧等輩，選取可以託付終生的明主，其功業與聲名必定大不相同。

玄德所依傍之人甚多，試從徐州依陶謙，荊州傍劉表，觀其傍大之才。

劉備依附公孫瓚與田楷，雖然甚得看重，但終非長遠之計。當曹公東征徐州；陶謙向田楷告急，劉備即引軍從田楷往救，並乘機離開田楷投靠了陶謙。此次投靠陶謙，實際上是一次走向獨立的行動，而且在軍事實力上是一次大的發展。劉備因田楷引兵救陶謙時自引兵千餘人及部分幽州、烏丸胡騎，又乘機收羅了飢民數千人以擴充壯大所部，以至徐州又得陶謙所與丹陽兵四千，總兵力將近萬人。一夜之間組成了一支不可忽視的武裝力量，使劉備在政治上與軍事上地位大爲提高。徐州牧陶謙竭力拉攏劉備以應付曹操、袁術，劉備也著意結交陶謙手下的糜竺、陳登諸輩。等到陶謙死了，劉備便順理成章坐領徐州。劉備這一著棋的確非常精妙。如若劉備不離開田楷而依陶謙，這徐州牧豈能輪到劉備來做？劉備如若不領這徐州牧，天下諸侯有幾人又識得劉備？徐州雖得而復失，但今日之劉備已非昔日寄人籬下之小縣令矣。

劉備識得徐州可得之先機，識得徐州乃用武之地，但曹操亦識得徐州之重要，而劉備之實力不可與曹操相爭，所以劉備兩次得而復失。如若曹操不以劉備為一大敵，一旦劉備在徐州羽翼豐滿，天下之事則未可知也。

劉備往荊州依傍劉表與在徐州依傍陶謙有異曲同工之妙。劉備往依荊州，正是識得荊州有可得之機，他到荊州之後，不是急於下手行占據之事，而是盡心收羅荊州豪傑以為輔佐，拉拔公子劉琦以為內應，借劉表之資以發展壯大自身勢力。劉備往荊州，時機也把握得恰到好處。若是來得太早，劉表尚無北方之急，焉能容得下劉備在卧塌之前磨刀？如若來得太遲，曹操已平定北方，勒兵向南，那時已無立足喘歇之機。他如此精密地選擇所依傍之主與所依傍之時，不能不讓人佩服。

觀呂布傍大，由勝反敗；玄德傍大，轉弱為強。可知傍大亦有術矣。呂布傍大，雖頗有功勞，而反受污名，為人不齒；玄德傍大，雖敗多勝少，卻信義布於天下，英名傳於千古……。可知不識傍大之機，則失之毫釐，差之千里。

劉備借荊州

所謂孫權把荊州借與劉備，這個「借」字，不過是個順水人情，承認既成的事實而已。

劉備被描述擅長於「哭」，被世人嘲笑為；「劉備的江山，是哭出來的。」這都是後世小說戲曲過分渲染的結果。

《厚黑經》曰：「喜怒哀樂皆不發謂之厚，發而無顧忌，謂之黑。厚也者，天下之大本也；黑也者，天下之達道也。致厚黑，天地畏焉，鬼神懼焉。」

《三國志·先主傳》曰：「先主不甚樂讀書，善狗馬、音樂、美衣服。身長七尺五寸，重乎下膝，顧自見其耳。少語言，善下人，喜怒不形於色。」

溫習溫習《厚黑經》，再看看這玄德公的相貌習性，可知玄德公並不是天生的悲苦相，並不是那種情感豐富而外露的詩人性情。玄德公自少便「喜怒不形於色」，極符合《厚黑經》所謂之厚道。難道幾十年以後玄德公的功夫反不如從前，變成了一個懦弱君子，遇到麻煩事便只會哭哭啼啼，搖尾乞憐不成？難道當時逐鹿中原，心存異志的英雄都是吃軟飯的；見了劉玄德一哭就像吃了特效慈善藥一般，要殺他的便不殺了，反把郡與兵士奉送與他。果真如此，玄德公也不會被呂布、袁術、曹操逼得那般走投無路，也用不著關羽、張飛、趙雲往來廝殺，只須如張寶那樣披髮仗劍啼哭施法。萬世功業，一哭而就。

成就玄德公善哭之名的主要緣自《三國演義》魯肅借荊州。玄德聽孔明之計，一把鼻涕一把淚，便把魯肅這忠厚之人哭軟了。其實《三國志》寫得很明白：「後備詣京見權，求都督荊州，惟肅勸權借之，共拒曹公。」可見把荊州借與劉備是孫權親口答應的，而不是魯肅一時心軟而答應的。

孫權把荊州借與劉備，而且還「進妹姻好」，都是想拉拔劉備，抗拒曹操。《漢晉春秋》有云：「呂范勸（孫權）留備，肅曰：『不可。將軍雖神武命世，然曹公威力實重，初臨荊州，恩信未洽，宜以借備，使撫安之。與操之敵，而自為樹黨，計之上也。』權即從之。」可知孫權借荊州的眞實意圖，可見劉備的荊州並不是靠哭來的。

孫權不同意周瑜等人扣留劉備的意見，而聽從魯肅借地和好的策略，可見孫權的高明。即便凶殘如呂布，在劉備爲袁術所逼之際，也知道暗護劉備，使自己不直接受敵於袁術。孫權之智術遠在呂布之上，安能不慮其短長。不過孫權也的確是捨不得荊州這塊肥肉。所以事後又與劉備屢爲荊州而起爭端。

所謂孫權把荊州借與劉備，這個「借」字，不過是個順水人情，承認既成的事實而已。荊州已先爲劉備所得，孫權只得說個「借」字，留待日後有個「討」的理由。劉備是打定了取荊州的主意，不管是「借」，還是「抱」，反正是弄到手再來商量。所以劉備的計策不過是先「黑」再「厚」，孫權則是先「厚」再「黑」。

英雄之哭

英雄之哭當如美人之笑，當一哭傾人城，再哭傾人國。所以諸君不要輕視了這酸鹹之物的妙用，不要以為它是軟弱的見證。

劉備的江山不是靠老淚換來的，爲何世人偏要推他爲哭壇霸主？竊以爲此非偶然，此中實有委曲。

俗語云：丈夫有淚不輕彈，只因未到傷心處。到那傷心處，即便是臉厚如劉備，亦不免老淚縱橫；威猛若孫策，亦涕泣嗚咽。

劉備自幼便有「吾必當乘此羽葆蓋車」的奇語，及長便遊學四方，廣交豪俠，志不在小。雖長於攀附，善得人心，但由於起身微賤，勢卑力薄，顛沛於青徐間。爲袁術逼，爲呂布逼，爲曹公逼，只得離開北土，到南方來投劉表。當此之時，劉備已年近半百，依然一無所成。北方的曹操基本上已統一了北方，南方的孫權已經營了父兄兩代，劉備面對如此的境況，焉能不老淚縱橫。所以《九州春秋》記云：「備住荆州數年，嘗於表坐起至廁，見髀裡肉生，慨然流涕。還坐，表怪問備，備曰：『吾常身不離鞍，髀肉皆消。今不復騎，髀裡肉生。日月若馳，老將至矣，而功業不建，是以悲耳。』」

我國自古以來故人相見皆有問候的習慣，稱說對方近來「長胖了」（又稱「發福了」）也是一句慣用語。可見這「發福了」是句吉祥話，普通人聽了都頗爲歡喜。劉備卻因爲自己「發福了」，竟然痛哭流涕，好似芭蕾舞演員見了自己忽然粗碩起來的大腿一般。劉備一改過去「喜怒不形於色」的習慣，看到自己大腿上的新肉，也要哭他個痛快，的確是到了傷心處。

等到曹操南征，劉琮束手乞降，劉備倉惶南逃，經過劉表之墓，劉備再次痛哭流涕，三軍爲之落淚。劉備此時是哭劉表，更是爲自己而哭。

劉備來荆州幾次痛哭以後，事業卻有了轉機。一哭而得孔明，再哭而破曹操，遂成三足鼎立之業。所以說劉備的江山是哭來的，亦不爲過。《三國演義》的作者發現了此中奧妙，所以只要劉備碰上麻煩，便讓他一哭而解。其實劉備的功夫不只在哭，更在哭之後。欲效法玄德的朋友如果只效其表面哭功，那將僅得其皮毛，終不是英雄之哭。

英雄之哭當如美人之笑，當一哭傾人城，再哭傾人國。

無獨有偶，孫策在不得意之際，亦有兩次痛哭。據《吳歷》載，初孫策在江都時，張紘有母喪家居，策數詣紘，咨以世務。紘婉言相謝。後孫策說到動心處，涕泣橫流，紘亦爲感，遂進言曰：「昔周道陵遲，齊晉並興；王室已寧，諸侯貢職。今君紹先侯之軌，有驍武之名，若投丹陽，收兵吳會，則荊、揚可一，讎敵可報。據長江，奮威德，誅除群穢，匡輔漢室，功業侔於桓、文，豈徒外藩而已哉？方今世亂多難，若功成事立，當與國好俱南濟也。」此番議論頗似劉玄德與孔明的隆中對策。若孫策不涕泣橫流，焉能感動得了張紘？

《江表傳》又載：策徑到壽春見袁術，涕泣而言曰：「亡父昔從長沙入討董卓，與明使君會於南陽，同盟結好；不幸遇難，勳業不終。策感惟先人舊恩，欲自憑結，願明使君垂察其誠。」術甚貴異之。

可見孫策知道涕泣的妙用，一見袁術即用此策。孫策如果不依附袁術，焉能使有江東？正如劉備如果不來依附劉表，那荊州是無論如何也不能從曹操或孫權手中借得的。

劉備與孫策的兩番哭泣都是傷情之哭，都是自奮之哭，眞有傾人城傾人國的威力。所以諸君不要輕視了這酸鹹之物的妙用，不要以爲它是軟弱的見證。

劉備天下與傲物

英雄雖然做了許多唯唯諾諾的事，但胸中始終蘊含著勃勃的豪氣。正是這股豪氣才成就得了大事業。欲為厚黑之學者，當顛沛不忘此意。

劉玄德頗能折節下士，收取人心。史稱「士之下者，必與同席而坐，同簋而食，無所簡擇。」用我們今天的話來說，即劉備善走群衆路線，善於收買人心。他親近別人，結交別人，有幾套辦法，《三國演義》描寫得很精采，下面稍加申述。

玄德收取人心的原則是各取所需。平民老百姓所缺者乃安定與衣食，玄德無論是在安喜、平原、徐州，還是在荊州、新野、益州，都以愛民親民相標榜，厚樹恩德，收取衆心。所以玄德有愛民如子之美名。正勇之士，所缺者名爵也。所以玄德有功必賞，能善馬超、黃忠、魏延諸將，不計前嫌，誠心相接。信義之士，所貴者情義也，所以玄德推誠待人，恩若兄弟觀其與關羽、張飛、趙雲之交，不是更勝於管鮑之誼?智能之士，所貴者知賞也，所以玄德求賢若渴，言聽計從，觀其與孔明、龐統、徐庶之契，誠若魚水相得。玄德之三顧茅廬訪求臥龍，眞是前無古人，後無來者。正因有玄德隆中三顧、白帝託孤，才有孔明「鞠躬盡瘁，死而後已。」前文我們已分析了玄德傍大有術，此處看來，玄德更有做小之能。

玄德既要傍大，又要做小，是不是整日只得拘謹爲人呢?玄德有偶爾露崢嶸的時候。

當玄德初任安喜尉時，督郵以公事到縣，玄德求見不通，深以爲恨，轉身回治，「將吏卒更詣傳舍，突入門，言『我被府君密教收督郵。』遂就床縛之，將出到界，自解其綬以繫督郵頸，縛之著樹，鞭杖百餘下，欲殺之。督郵求哀，乃釋去之。」《三國演義》把這鞭督郵一節寫到了莽張飛的頭上，確實大減了劉備的豪氣。文人們都以陶淵明「不爲五斗米腰折」而棄彭澤令以爲淸高，孰若劉玄德這般大打出手而去解恨，看來玄德也能傲物。

玄德不僅有傲物之壯舉，還有傲物之名言。當劉備在荊州時，一次許汜與劉備並在劉表座上爲客，三人談論天下英雄人物。許汜云：「陳元龍湖海之士，豪氣不除。」玄德便追問許汜何以言陳登有豪氣，許汜答云：「昔遭亂過下邳，見元龍。元龍無客主之意，久不相與語，自上大床臥，使客臥下床。」劉備接言道：「君有國士之名，今天下大亂，帝王失所，望君憂國忘家；有救世之意，而君求田問舍，言無可採，是元龍所諱也，何緣當與君語？如小人，欲臥百尺樓上，臥君於地，何但上下床之間邪？」史載劉表聞言大笑，而不載許汜對答之語。可以想見許汜一定滿臉羞愧，無言以對。

所以英雄雖然做了許多唯唯諾諾的事，但胸中始終蘊含著勃勃的豪氣，正是這股豪氣才成就得了大事業。欲爲厚黑之學者，當顚沛不忘此意。

桃園三結義

古人云：士為知己用。劉玄德於此古訓很有體會，因而他與關、張君臣之情，頗讓後人羨慕。

《三國演義》即以「宴桃園豪傑三結義」爲開篇第一回。劉、關、張是否拜把過我們且不去追究，他們當初情若兄弟的事實在史書上是記載得很明白：《三國志·關羽傳》云：「先主於鄉里合徒衆，而關羽與張飛爲之御侮。先主爲平原相，以羽、飛爲別部司馬，分統部曲。先主與二人寢則同床。恩若兄弟。而稠人廣坐，侍立終日，隨先主周旋，不避艱險。」可見《三國演義》寫桃園三結義並不是完全沒有根據。劉備能以深恩得關、飛之心，情同手足。終生不移。三人之交有許多讓人回味感喟的地方。

劉、關、張三人無疑以劉備爲核心。如果沒有劉備這塊磁石，關、張未必能聚集在一起。諸葛亮與關羽書有云：「孟起兼資文武，雄烈過人，一世之傑，黥、彭之徒，當與益德並驅爭先，猶未及髯之絕倫逸群也。」關羽見書大悅。可見關羽自視在馬超、張飛之上。關羽自稱甚高，天下人物，沒有幾位能入他眼的。當劉備欲命黃忠爲後將軍，孔明深憂關羽羞與同列，後得劉備解釋方始干休。可見關羽身在曹營而心在漢，此心乃繫於劉備而已。如果沒有劉備，關公大概是曹操帳下一員虎將，而未必與張飛相親善。

關、張雖皆爲萬人敵之將，但都有自身爲人的缺憾：「羽善待卒伍而驕於士大夫，飛愛敬君子而不恤小人。」所以羽、飛皆自取其禍。關羽荊州之失，正敗在驕矜二字之上。於外交上因驕矜而觸怒孫權，於內撫上因輕慢致生嫌隙，使內外俱失，不戰而敗。（「虎女不配犬子」是豪語，亦是狂語。）張飛每酒後鞭撻士卒，刑罰酷厲，而自恃武勇，不知收斂戒備，終命喪小人之手。（雖可悲嘆，亦是報應。）玄德能擇取二人之長而克服二人之失，所以既得小人之心，又獲君子之親；既得武將之忠勇，又得文臣之良謀。玄德不以二人之失而小視二人，正是玄德的知人之明。玄德不以二人之親而忽視他人，正是玄德的用人之明。玄德不以江山爲重，起傾國之兵，爲羽、飛報仇，致使創業未半，中道崩殂。後人的感嘆噓唏之中，當有無限的崇敬與懷念。古今帝王有幾人能重義氣若劉備？說《三國》者，大多以劉備仁厚近僞。劉備不是沒有虛僞處，但他待關、張之情，豈能以一「僞」字遮掩。

若以三人與前漢人物相比，劉備有高祖之風，張飛有黥、彭之勇，關羽則難及韓信、陳平之智，不過略勝樊噲也。孔明所謂「絕倫逸群」乃諡美之辭，不足爲據。但後世之人以關羽爲帝爲神，而對劉備與張飛反不甚恭敬，可見中國老百姓最看重的還是「義」。

妻子如衣服

古人云：『兄弟如手足，妻子如衣服。衣服破，當可縫；手足斷，安可續！』

《三國演義》第十五回記寫張飛因飲酒丟了徐州，陷了劉備家室，欲拔劍自刎，劉備向前抱住，奪劍擲地，並說了一番極能收服人心的話：「古人云：『兄弟如手足，妻子如衣服。衣服破，當可縫；手足斷，安可續！』吾三人桃園結義，不求同生，但願同死。今雖失了城池家小，安君敎兄弟中道而亡！況城池本非吾有；家眷雖被陷。兄弟必不謀害，當可設計極之。賢弟一時之誤，何至據欲捐生耶！」劉備的這番話，讓關、張聽了，焉能不以死相報？

妻子乃人之至親至愛，玄德卻視之如衣服；異姓兄弟，四海可結，玄德卻珍視如手足。玄德此喻，與孟子「民貴君輕」之意相近。不以民爲本，哪有君之貴？不以兄弟爲親，哪有妻子之愛？玄德深知此理，所以極重兄弟之情，每每故意貶抑妻子而以撫慰兄弟。

《三國演義》第二十四回記寫子龍單騎救幼主歸來，劉備接過酣睡的劉禪，擲之於地，並嗔道：「爲汝這孺子，幾損我一員大將！」可以想見劉備內心的欣善感激與臉面上的嗔怒責備。還是那首小詩道得好：「無由撫慰忠臣意，故把親兒擲馬前。」

雖然這些細節都是小說所虛構，但這些虛構都符合劉備的性格。劉備於敗軍之際屢次丟了家室，倉皇逃亡；又屢次得部下保護救衛，其中亦當有許多感人的細節不為他人所知。

劉備屢陷家室是迫不得已，亦是劉備大膽行事，不以家室繫懷。若劉備在軍情緊急之時，只知保護家室，必定難以抽身而去，最終既保護不了家室，也保護不了自己。呂布的失敗便是一個極好的例子。當曹公引兵擊呂布之時，陳宮獻計道：「曹公遠來，勢不能久。若將軍以步騎出屯，為勢於外，宮將餘衆閉守於內，若向將軍，客引兵而攻其背，若來攻城，將軍為極於外。不過旬日，軍食必盡，擊之可破。」呂布初以為然，後聽妻子之言，坐守待亡。呂布若如劉備不以妻室為念，亦不會招此滅頂之災。

劉備不以家室繫懷的作風大概是從劉邦那學來。劉邦的父親被項羽捉去了也不甚在意，敵兵追來，也捨得把親生兒女推下車。可見陳壽稱劉備有高祖之風，並非虛言。

劉備遺書

勿以惡小而為之，勿以善小而不為。惟賢惟德，能服於人。

劉備將崩，於白帝永安宮作書與劉禪云：朕初疾但下痢耳，後轉染他病，殆不自濟。人五十不稱夭，年已六十有餘，何所復恨，不復自傷，但以卿兄弟爲念。射君到，說丞相收卿智量，甚大增脩，過於所望，審能如此，吾復何憂！勉之，勉之！勿以惡小而爲之，勿以善小而不爲。惟賢惟德，能服於人。汝父德薄，勿效之。可讀《漢書》、《禮記》，閒暇歷觀諸子及《六韜》、《商君書》，益人意智。聞丞相爲寫《申》、《韓》、《管子》、《六韜》一通已畢，未達，道亡，可自求聞達。

常言云：鳥之將死，其鳴也哀；人之將死，其言也善。劉備奔波一生，亦難有時間細細教導子弟，於此臨終之際，當有萬語千言向劉禪叮囑，然提筆作書，不過一百四十餘字。這一百四十餘字可謂紙短情長，書不盡意，但也說出了劉備心中最想說的話。我們習厚黑的朋友，當把它作爲一部厚黑秘笈來讀。

從爲人處世而言，劉備提出「勿以惡小而爲之，勿以善小而不爲」的原則。雖然這一道理並非劉備所發明，而劉備以此轉授與劉禪，則可見劉備於此二句頗有心得，以此作爲劉禪的座右銘，是再恰當不過了。若劉禪平庸之輩，不去盡心爲小善，而往往作小惡，則漢室必難復，蜀地亦難久守。劉禪不能將父親的話記入心中，所以諸葛亮一死，蜀國也就隨之而傾覆了。可以看出非有雄才大略者，一意爲黑道，必得禍敗的後果。

世人都曉得劉備能服衆心，而對劉備如何收服衆心則不甚了然。此篇遺文則有所披露。劉備指出「惟賢惟德，能服於人」。所謂賢，即指自己明白有見識，所謂德，即指恩德有加於人。如果只有德行，而不賢明，則雖有追隨者，而必不能用之。如果只會自己打算盤，而沒有恩德加於人，則如何收服得了衆心？這便是劉備行事的秘訣。此處賢可謂黑，德可謂厚。劉備一生正是以厚立身，關鍵之處亦不失黑道。

「惟賢惟德，能服於人」是大的原則，具體施行並非易事。所以劉備又給兒子劉禪開了幾本必讀書目：「可讀《漢書》、《禮記》，閒暇歷觀諸子及《六韜》、《商君書》，益人意智。」這幾部書是劉備開給兒子的，也一定是劉備平生最喜歡，最有收益的。史書謂玄德「不甚樂讀書，喜狗馬、音樂、美衣服」，這大概是他少年時不受拘束的情形，成人立事之後，必定孜孜向學，深領大意。從他所開的書目，可以看出他立身以儒學，治國行軍參以法家和兵家之術。其思想與孔明是一致的。孔明教導劉禪正是以《申》、《韓》、《管子》、《六韜》作為教材。可惜劉禪天資愚鈍，領會不出其中深意，終為亡國之主。

太子應該學習什麼？

教太子讀書，不是要讓他當一位知識淵博的學者，不是要讓他精通策論，以求取官職，關鍵是要他學會帝王南面之術。

孟光是蜀漢屈指可數博學之士，又是以直言無所迴避的耿直人物。一次後進文士時任秘書郎郤正來拜訪他，孟光便向他打聽太子近來讀些什麼書？其情好尚如何？

郤正便答道：「太子奉親虔恭，夙夜匪懈，有古世子之風；接待群僚，舉動出於仁恕。」

孟光故意譏刺道：「如君所道，皆家戶所有耳；吾今所問，欲知其權略智調何如也。」

郤正嚴肅道：「世子之道，在於承志竭歡，既不得妄有所施爲，且智調藏於胸懷，權略應時而發，此之有無，焉可豫設也？」

孟光見郤正這般嚴肅口緊，不敢放言直談，於是改變先前試探的態度，推心置腹地對郤正進言道：「吾好直言，無所迴避，每彈射利病，爲世人所譏嫌，省君意亦不甚好吾言，然語有次。今天下未定，智意爲先，智意雖有自然，然亦可力強致也。此諸君讀書，寧當效吾等竭力博識以待訪問，如博士探策講試以求爵位邪！當務其急者。」

郤正聞孟光赤誠之論，深以爲然。

郤正初以冠冕堂皇之語敷衍孟光，是擔心孟光指斥自己言不得體，引起禍害。後見孟光問詢頗誠，進言頗切，轉而表示贊同其言。可見郤正之巧言令色。

觀郤正先所答孟光者乃其孝敬仁恕之德也，孟光所欲追問者乃其權略智調之術也。孝敬仁恕之德，若不濟以權略智調之術，則不過乃常人所皆有之小德，焉能駕御群臣，總攬八極？是以孟光不欲聞其小德，而欲聞其智術！

欲正實只見太子小德，而不見其智術，但又不能直言太子於智術有所欠缺。只推言太子尚未臨事，其智調權略尚藏於胸懷之中，不可得知。

是以孟光直言教太子應以智調權略之術爲當務之急。雖然人的天質各有差別，但後天的學習亦是很重要。即使是天質愚鈍的人，有許多事情也可以力強而致。教太子讀書，不是要讓他當一位知識淵博的學者，不是要讓他精通策論，以求取官職，關鍵是要他學會帝王南面之術。

若以欲正所言小德爲厚，那麼孟光所言智術則爲黑。孟光是一個耿直的人，所以敢於揭開那遮蓋於臉上的厚皮，直取那藏於胸中的黑術。孟光雖不言要學會這黑術要讀什麼書，但我們從劉備與寶見兒子劉禪的遺書中可以知曉，從孫權勸告愛將呂蒙的話語可以得知。這些書並不是什麼和藏的密書，只是擺在大道邊上的三史與諸子百家等。因爲先秦諸子百家都是專門研究帝王南面之術的大學者，他們的書都是寫給帝王看的。有野心的人讀著讀著便可以「修身、齊家、治國、平天下」；一旦悟得其道理，便能「得一以爲天下貞」。

樂不思蜀

劉禪並非精神不正常的人，能不思念故國，內懷愧疚悲哀？而能隱忍作樂，亦是降者中的英雄。

《漢晉春秋》載云：後主劉禪降魏以後，一日，司馬昭宴請劉禪，席中使人演蜀技，旁人觀聞皆感愴流涕，惟劉禪喜笑自若。他日，司馬昭又會劉禪，問曰：「頗思蜀否？」劉禪答曰：「此問樂，不思蜀。」郤正聞之，求見禪，並教云：「若司馬文王再問，當泣而答曰『先人墳墓遠在隴蜀，乃心西悲，無日不思』，因閉其目。」後司馬昭復問，劉禪對答如前，司馬昭悟道：「這些總總像是郤正說的！」劉禪即招其實情，左右皆笑。後世之人以此皆瞧不起劉禪，而以

「樂不思蜀」為一成語，諷刺那些樂而忘本之人。愚以為劉禪幾番舉措，頗有其父之風，亦善於隱忍作厚臉也。若劉禪不如此表現樂不思蜀，豈能逃過司馬昭的毒手。

南唐後主李煜正是一個絕好的例子。李煜若不寫那麼幾首懷飲故國的小詞，也可以苟且度盡餘年。

或許有人以為苟且偷生不如好死。但像劉禪、李煜這等失國被虜的君王，也不一定比自縊在景山上的崇禎皇帝丟臉。若以大眼光來看，採取投降之策的劉璋、劉禪，雖失了自家的基業，但也拯救了無數平民的性命，雖作了亡國的罪人，但也順遂了同床異夢者的心願。縱觀古今，像劉禪之子北地王劉諶於亡國之際，先哭於祖廟，後殺妻子而自盡者，畢竟是少數；多數人都像孟達、李亞之輩，趨炎附勢，朝秦暮楚。所以劉禪之束手就降，不過是不得已而隨流偷生。

劉禪之得失，陳壽於本傳後總結得非常好：「後主任賢相則為循理之君，惑閹豎則為昏闇之後，傳曰：『素然無常，唯所染之』，信矣哉！」劉禪在中國古代皇帝行列中，肯定不是一名暴君，也不是一名奢侈淫逸的花花大帝，不過是一名沒有主見，缺少智能的庸碌之主，任賢相則可守成，用小人則要亡國。如果劉禪出生在承平之世，又有賢相輔佐，必然也能君臣無猜，四境安堵。但他承繼於未竟之業，俯仰於鼎足之勢，誠非其才所能勝任。然得賢相輔佐，兼恃山川之險，猶經載四十餘年，亦是其父劉備所過望之數。

既而投降魏主，命懸人乎。能以樂不思蜀敷衍魏國君臣，得以終其天命，子孫之中爲三都尉封侯者共計五十餘人，亦可謂善於自保自惜。平心而論，劉禪並非精神不正常的人，能不思念故國，內懷愧疚悲哀？而能隱忍作樂，亦是降者中的英雄。

蜀人的和平精神

蜀人的和平精神是因為他們有這樣的傳統，且生活淂浪富裕、浪實在。

自古以來蜀地就很殷富，有「天府之國」的美稱，同時它又有比較強的獨立性，經常割據偏安。在秦以前它與中原來往比較少。是以古書稱九州，除《尚書

·禹貢》列有梁州之外，其他如《呂氏春秋·有始覽》、《周禮·職方》、《爾雅·釋地》皆不列梁州。《尚書·禹貢》稱：「華陽黑水惟梁州」。即指華山、秦嶺以南的漢中、巴、蜀及當今雲、貴一帶今稱為梁州。至西漢武帝設置十三刺史部，所置益州轄境大抵與《尚書》所稱梁州一致。漢揚雄有《蜀王本紀》記載蜀王開國歷史。晉常璩有《華陽國志》記述從遠古到東晉穆帝永和三年間巴蜀史事。唐李白《蜀道難》有云：「蠶叢及魚鳧，開國何茫然！爾來四萬八千歲，不與蠶塞通人煙。西當太白有鳥道，可以橫絕峨眉巔。地崩山摧壯士死，然後天梯石棧相鉤連。」乃敍蜀人開國之歷史與秦人之往來，皆是根據楊雄、常璩之言，而並非太白所常用的「燕山雪花大如席」、「白髮三千丈」之美的誇飾之詞。可見這華陽國有極悠久的歷史，其悠久甚至有可能超過黃河流域的文明史。

獨立了四萬八千年以後，不費征伐之苦，便輕輕鬆鬆地並入了秦國，可見蜀民是多麼愛好和平。這種愛好和平的精神，可以說一直延續到了後代。在三國時又於張魯、劉璋、劉禪的身上體現得最為充分，我們不得不把他們與他們的臣子邀到我們「厚」學學會中來。

張魯祖孫三代經營巴漢近之十年，偏安自守，不妄自尊王。等到曹操兵至陽平關，張魯欲舉漢中以降，無奈其弟張衛不肯，堅持率兵拒關堅守。張衛兵敗亡蜀，陽平關爲曹操奪得，張魯又欲率衆歸降，無奈其臣閻圃又加勸阻。遂逃至南山擁衆而降，以取功多。張魯與東方的孫權相比，其心不知比孫權要平和多少倍。別人是術戰心切，張魯則是術降心切。有其主，則有其臣。張魯求降心切，閻圃則爲其謀求降之大功。是以張魯、閻圃皆因投降有功而爲曹操優待。張魯被封爲閬中侯，閻圃被封爲列侯。其與公孫瓚、公孫淵相比的確划算許多。

劉璋二代經營益州。當曹公盛時，遣陰溥、張肅、張松三番致敬；於後又轉交好劉備，遣法正通情，令孟達送兵。及至劉備反臉，勒兵進圍成都，「城中尙有精兵三萬，谷帛可支一年，吏民咸欲死戰」，而劉璋卻說：「父子在州二十餘年，無恩德以加百姓。百姓攻戰三年，肌膏草野者，以璋故也，何心能安！」即開城投降。劉備亦好生相待，遷之於公安，盡歸於財物，仍掌其振威將軍印綬。若與東方袁紹、袁術、陶謙諸人相比，三人雖鼓勇而戰，終城破巢傾，憂病而死。而劉璋一降，百憂皆敉。手下諸人，除王累死諫，張任死戰，其餘皆半推半就地跟隨了劉玄德。劉璋請降，的確是蜀中老百姓的洪福。

劉玄德是有「囊括四海之意，並呑八荒之心」的，但傳到他孔子手中就只有奉送與人的本領了。劉禪之所以馬上投降主要歸功於譙周。譙周這位土著川人，學問做得非常好，是當世碩儒。他的力作《勸後主降魏疏》載錄於《三國志》本傳中，不可不錄：

或說陛下以北兵深入，有欲適南之計，臣愚以爲不安。何者？南方遠夷之地，平常無所供爲，猶數反叛，自丞相亮南征，兵勢偪之，窮乃幸從。是後供出官賦，取以給兵，以爲愁怨，此患國之人也。今以窮迫，欲往依恃，恐必復反叛，一也。北兵之來，非但取蜀而已，若奔南方，必因人勢衰，及時赴追，二也。若至南方，外當拒敵，內供服御，費用張廣，他無所取，耗損諸夷必甚，甚必速叛，三也。昔王郎以邯鄲僭號，時世祖在信都，畏偪於郎，欲棄還關中。邳彤諫曰：「明公西還，則邯鄲城民不肯捐父母，皆城主，而千里送公，其亡叛可必也。」世祖從之，遂破邯鄲。今北兵至，陛下南行，誠恐邳彤之言復信於今，四也。願陛下早爲之圖，可獲爵土；若遂適南，勢窮乃服，其禍必深。《易》

曰：「亢之爲言，知得而不知表，知存而不知亡；知得失存亡而不失其正者，其惟聖人乎！」言聖人知命而不苟必也。故堯、舜以子不善，知天有授，而求授人；子雖不肖，禍尙未萌，而迎授與人，況禍以至乎！故微子以殷王之昆，面縛銜璧而歸武王，豈所樂哉，不得已也。

前半篇所開的四條理由，皆恐嚇之辭也。此法即宗吾先生「求官六字眞言」，「做官六字眞言」中的「恐」、「繃」二訣。劉禪是個膽小的君主。最適合用此二字。後面引證《易》言得失存亡之語，列舉堯舜禪讓、微子面縛之事，乃爲劉禪尋找投降的理論與榜樣，意謂劉禪你若是投降，也並不是丟臉的事，也是聖人知命之舉。這便是兩「六字眞言」中的「捧」、「恭」二訣。這就是我們時常說的軟硬兼施之法。劉禪被這位早懷投降之計的學者先生一恐一捧便著了道，便命令文筆漂亮的郤正快寫降書送與鄭艾。郤正降書載錄於《三國志・蜀書・後主傳》中，有興趣的朋友自可去查閱，有朝一日，別人麻煩請你修一份降書，你也可以有篇範文作參考。

劉禪老老實實投降，本來蜀中人民可以免遭戰亂之苦。然鐘會與鄭艾在成都互不相容，司馬小兒又有意借刀殺人，所以蜀中還是大亂了一段時間。這也應了一句俗話：「是禍躲不過」。從所舉人物可知，蜀地君臣都很愛好和平，不願作無謂的犧牲。別人管不了的時候，他們關起門來享清福；別人打進來的時候，他們便打開城門請客來坐莊。他們的氣度值得下江人好好學習。如果大家都這樣心平氣和，中國不知要少打多少內戰。

蜀人何以有這樣的和平精神呢？我是這樣推測的：其一，他們有這樣的傳統。傳統就是一種文化，其影響與幅射有極強的延續性與廣泛性。其二，他們生活得很富裕，很實在，不願意打打殺殺。所以蜀軍的英勇是遠不及秦軍的。其三，只要中原大亂，許多人都設法逃到四川去避難。宗吾先生有云：「五代時，中原大亂，許多名流，都到四川來避難，四川這個地方，最適宜於避難，前乎此者，漢末大亂，中原的劉巴許靖都入蜀避難，後乎此者，郡雍臨死，說『天下將亂，惟蜀可免。』他的兒子邵伯溫攜家入蜀，卒免金人之禍。」這些來四川避難的人都是愛好和平的人，怎麼會主張打仗呢？所以劉巴、許靖都投降劉備，是意料中的事。再如東吳當時的投降派都是到江東去避難的人，他們也不喜歡打仗，聽說曹公要來，所以紛紛勸孫權降乎。世世代代都有和平主義者到四川來安家落戶，這和平的呼聲難道會減弱嗎？其四，有學問的人太多，也是蜀中愛好和平的一個重要原因。這些有學問的人把事情都看得很開，正如譙周所說，即使投降也並不丟臉，可稱得上是識時務的俊傑。是以孔明在隆中時就知道蜀中「智能之士，思得明君」，知道會出現張松、法正等內線人物。這些人物都是飽學之人，而不是普通的小民，他們有能力左右君主的。是以諸葛亮爲治，他們都很贊同；諸葛亮興兵伐魏，他們就不太願意了。孫權是一個很喜歡打仗的人，他與曹魏就交過好幾次手，也沒有討到太多的便宜，但人們不說他屢番興兵討魏的過失；諸葛亮伐魏，出兵五次，每次都小有收獲，但蜀人還是不滿意，責怪他好戰勞民。倘若諸葛亮向蜀人學習，愛好和平，我想中原之人也未必會佩服他，杜甫也不會歌頌他「出師未捷身先死，長使英雄淚滿襟。」

正因爲蜀人有愛好和平的文化傳統，所以蜀人之中寧死不降的比較少，即便是文天祥稱道過的「嚴將軍頭」，也不曾砍下來過。所以《厚黑學》發明於自署蜀會的蜀人宗吾先生之乎，也就用不著大驚小怪了。

雙料貨及其爪牙

雙料貨孫權

孫權雖是黑不如曹操，厚不如劉備，卻是二者兼備的雙料人物。

厚黑教主議過曹操、劉備之後，接著說：「此外還有一個孫權，他和劉備同盟，並且是郎舅之親，忽然襲取荊州，把關羽殺了，心之黑，彷彿曹操；無奈黑不到底，跟著向蜀請和，其黑的程度，就要比曹操稍遜一點。他與曹操比肩稱雄，抗不相下，忽然在曹丕駕下稱臣，臉皮之厚，彷彿劉備；無奈厚不到底，跟著與魏絕交，其厚的程度也比劉備稍遜一點。他雖是黑不如操，厚不如備，卻是二者兼備，也不能不算是一個英雄。他們三個人，把各人的本事施展出來，你不能征服我，我不能征服你，那時候的天下，就不能不分而為三。」

的確孫權是一個最擅長玩兩面派手法的人物。當他需要與劉備一起抗曹的時候，當他知道劉備具有一定的實力：「今戰士還者及關羽精甲共萬人，劉琦戰士亦不下萬人」，便一改猶豫躊躇的態度，贊曰：「非劉豫州莫可敵操者。」並拔箭斫案誓曰：「諸將吏敢復有言當迎操者，與此案同。」可見孫權對劉備態度的變化，可見孫權對戰與降態度的變化，都只在一念之間。

當破曹之後，劉備占據荊州，實力大增，孫權畏懼，於是進妹姻好。在此著意拉拔之時，孫權並不甘心讓劉備占據荊州，於是又設計與劉備共取西川，實欲假途圖備。不料此計爲劉備識破。陰謀雖未能得逞，但此心未死。

當劉備攻取益州之後，孫權乘劉備尙未站穩腳根之際索取荊州，並遣呂蒙襲奪長沙、零陵、桂陽三郡。

等到關羽攻殺襄樊，與曹軍大軍對壘之際，孫權又遣呂蒙、陸遜陰謀襲取荊州。從此遂了占有荊州的心願。

從孫劉聯合破曹到孫曹聯合殺羽，孫權的外交策略發生完全相反的變化，其中沒有信義可言，只是赤裸裸的利害關係。當需要劉備協助的時候，連妹妹也願奉送與人；當要奪取荊州的時候，把妹妹接回去就翻臉。當與曹操作對的時候，誓曰：「孤與老賊誓不兩立。」當與曹操套近乎的時候，便上書稱臣，稱說天命。如此心肝與嘴臉，的確是既黑又厚的雙料貨。

這樣的雙料貨，劉備見了也害怕，離開以後還驚嚇不已，對左右說：「孫車騎長上短下，其難爲下，吾不可以再見之。」晝夜兼程而去。曹操見了也歡喜，感嘆道：「生子當如孫仲謀！」《三國演義》還記寫了曹操於孫權來書之後批曰：「足下不死，孤不得安。」可見曹操、劉備、孫權都是相互佩服的。如果孫權不在曹劉之間耍來耍去，那麼孫權必然會成爲曹、劉一方的附庸，東吳的價值與地位也就失去迷人的魅力，鼎足之勢必難形成。所以三分天下，應該說沒有這位雙料人物，則難以妙趣橫生。

孫權的基業與志向

孫權所以能成就事業，雖得父兄之力，但主要還是靠自己拼出來的。

諸葛亮初與玄德於隆中談天下大事有云：「孫權據有江東，已歷三世，國險而民附，賢能爲之用，此可以爲援而不可圖也。」可見孫權亦得天時、地利、人和。孫權的這點家當是父兄兩代拼命換來的，不過到孫權手中也有許多難處。孫策去世時，孫權，年僅十七，還是一位乳臭未乾的孩子。江東的局面並未穩定。只有會稽、吳郡、丹陽、豫章、廬陵五郡，「深險之地猶未盡從，而天下英豪布在州郡，賓旅寄寓之士以安危去就爲意，未有君臣之固」，而對如此不穩定的政治軍事形勢，孫權是不是可與成就大業，跟隨孫堅、孫策的一批老臣無疑都抱著觀望的態度。

孫權雖年少而處事老練果決，志向遠大。他待張昭以師傅之禮，而用周瑜、程普、呂范等爲將。於北領討虜將軍之號，於南分遣諸將，討不從命。並招延俊傑之士，收服小民之心。一時賢俊滿朝，萬民歸附。

孫權所以能成就此番事業，雖得父兄之力，但主要還是靠自己拼出來的。孫權之繼業，有類劉琦、劉琮之繼業，有類劉璋、劉禪之繼業。於此亂世，作一守戶犬亦難，孫權豈止一守戶犬耶?可視作江東一獅!

孫權父兄於戰亂之際，已有憑三江之國，以觀成敗的不臣之心。至孫權此心已非常迫切明顯。孫權初與魯肅相見，即密議云：「今漢室傾危，四方云擾，孤承父兄餘業，思有桓文之功。君既惠顧，何以佐？」魯肅即對曰：「昔高帝區區欲尊事義帝而不獲者，以項羽爲害也。今之曹操，猶昔項羽，將軍何由得爲桓文乎？肅竊料之，漢室不可復興，曹操不可卒除。爲將軍計，惟有鼎足江東，以觀天下之釁。規模如此，亦自無嫌。何者？北方誠多務也。因其多務，勦除黃祖，進伐劉表，竟長江所極，據而有之，然後建號帝王以圖天下，此高帝之業也。」

此篇議論頗類孔明與玄德的隆中對策。孫權之對魯肅，不因張昭之非，而別眼相待，正是魯肅能深明其志向，並能鼓勇其行。

孫權有如此基業與志向，而終未能成一統大事，此亦所謂天命有歸耶？亦或人事有未盡耶？考察孫權爲人的確有陳壽所議之失：「性多嫌忌，果於殺戮，暨臻末年，彌以滋甚。然此失猶不至於影響全局。孫權之失在於不能如曹操、孔明以法家之術治國爲政，充實國力。只能依長江之險，拒魏備蜀，亦終爲長江所局限。若劉邦當年只守關中之固，不揮師東向，則劉邦亦爲雄關所扼。若劉邦不於關中發展經濟，充實軍備，則亦無實力東與項羽抗衡。東吳有周瑜、呂蒙、陸遜等傑出的軍事家，卻無蕭何之流的政治家，終不能席捲天下，成就一統大業。所以孫權有吞並天下的雄心，卻缺少一些實現這雄心的手段。」

孫權的性情

孫權天性爽朗能屈身忍辱，任才尚計，有勾踐之奇，英人之傑矣。

孫氏父子性情大體相近。陳壽論孫堅：「勇摯剛毅」，「有忠壯之烈」；論孫策云：「英氣傑濟，猛銳冠世」；並歸總二人缺失云：「皆輕佻果躁，隕身致敗。」陳壽評孫權則與父兄頗異：「孫權屈身忍辱，任才尚計，有勾踐之奇，英人之傑矣。」

是不是孫權的性情與父兄發生了較大的變異呢？不是的。孫權也是一位性情剛烈，勇猛異常的偉男子。史載孫權喜好田獵，每每乘馬射殺猛虎，時有猛虎直撲至馬前，甚是危險。大臣張昭變色而諫曰：「將軍何以樂於爲此？作爲一國君，當以駕御英雄，驅使群賢爲能，豈能這般馳逐於原野，與猛獸校勇爭強？若一旦爲猛獸所傷，必爲天下恥笑。」權雖答謝張昭良言，但猶不能捨此樂。於是造作射虎本，於殺中射獵，時有逸群之獸，復來犯殺，權以赤乎搏擊爲樂。張昭力諫，權卻笑而不答。可見其武勇之態，更勝於猛虎。東坡詞云：「老夫聊發少年狂，左牽黃，右擎蒼，錦帽貂裘，千騎卷平崗。爲報傾城隨太守，親射虎，看孫郎。」正是欲效孫郎之豪放。

孫權不僅以射獵猛虎取樂，而且敢於率輕騎突敵，轉武勇於疆場。大臣張紘曾爲此諫權曰：「夫兵者凶器，戰者危事也。今麾下恃盛壯之氣，忽疆暴之虜，三軍之衆，莫不寒心，雖新將搴旗，威震敵場，此乃偏將之任，非主將之宜也。願抑賁、育之勇，懷霸王之計。」因是這位張紘亦曾拿類似的言語勸告孫策不要親臨行陣爭廝殺之強。可見孫權的性情與孫策也差不了很遠。

孫權亦頗有酒興，在武昌時與群臣臨釣台，開懷痛飲。並命群臣曰：「今日酣飲，惟醉墮台中，乃當止耳。」豪情躍然紙上。

大臣顧雍爲人寡言語，不飲酒。每至飲宴歡樂之際，顧雍在坐，左右不敢肆情痛飲，怕酒後有失，遭他指摘。孫權亦對他有所憚懼，嘗言：「顧公在坐，使人不樂」。由此觀之，孫權亦可謂性情中人。

如此豪爽剛烈的漢子，居然能把自己的眞性情都收藏起來，作出許多屈身忍辱的事，其艱難，眞是難以想像。

正因孫權天性爽朗，而現實又要把他扭曲成隱忍的作風，所以他的臉色也變得極快。他不像曹操自小即有狡詐之性，長大即成奸雄之才；他不像劉備自幼少言語，喜怒不形於色，長大即深有城府，百折不撓。孫權要學得多心計，必然也多嫌忌；要學得能隱忍，必然亦陰狠。所以孫權學得既厚且黑，畢竟已落第二義，厚處不及劉備，黑處不及曹公。

孫權的固執與開通

孫權的確是一個很固執果決的君主，無論張昭如何苦諫，他依然我行我素。等到事敗之後，他深自克責，並不遷怒於人。

嘉禾元年冬十月，遼東太守公孫淵遣校尉宿舒、閬中令孫綜稱藩於吳，並獻貂馬，孫權大喜。二年三月，孫權欲遣舒、綜還，並使太常張彌、執金吾許晏、將軍賀達等將兵萬人，送金寶珍貨、九錫備物與公孫淵，朝中大臣皆不可。張昭苦諫曰：「淵背魏懼討，今遠來求援，稱藩本非其意。若淵改而尋歡於魏，則使臣必爲所害，陛下亦爲天下恥笑。」孫權與張昭反覆辯論，張昭執理不讓。孫權不得下台，案刀而怒道：「吳國士人入宮時對我作拜禮，出宮時對你作拜禮，我對你也是夠敬重了，而你數番於大衆之前與我過不去，我總怕有什麼對不起你！」張昭亦厲言回對，二人感泣不已。然最後孫權還是堅持讓張彌、許晏出使遼東。張昭因孫權不聽己言，忿恨在心，稱病不朝。孫權亦恨其折沖自己，稱疾不朝，令人運土堵塞其門戶。張昭亦決絕不肯再見，於門內又以土封之。其後公孫淵果然殺害了張彌、許晏，重新與魏結好。孫權甚爲自慚，數往謝慰張昭。張昭裝病堅持不起。孫權因出，過其門呼昭，昭猶推辭病重不起。權即放火燒毀其門，欲以恐嚇他。昭更閉門不見。孫權沒有辦法，只得讓人滅火，站立門邊很久，等候張昭出來。張昭兒子們懼怕事情鬧嚴重，只得把張昭強扶出來。權即載昭還宮，深自克責，向張昭賠不是。張昭不得已，只好君臣關係如舊。

孫權的確是一個很固執果決的君主，無論張昭如何苦諫，他依然我行我素。等到事敗之後，他深自克責，並不遷怒於人。他給張昭賠不是也作得很固執果決，他似乎與張昭暗暗較了一口氣，不把張昭接出門來誓不干休。

固執與開通就這樣矛盾地結合在一起。如果沒有這股執拗勁，孫權也不可能力排眾議，堅決抗曹，也不可能最終把荊州從劉備手中奪來。如果沒有這種開通精神，孫權也不可能廣納賢俊，捐棄嫌疑。歸結起來看，這固執可算得是心狠。你看他拿起刀來對老臣發脾氣，放起火來給人賠禮，都是極跋扈的行爲。這開通也可算是臉厚。雖然被人說得感激涕零，但仍堅持己見；雖然先前用土塞住別人的家門，但後來三番去望、去喚、去等，完全沒有君主的架子與面子。

孫權與張昭的這場爭執，極類似於秦穆公與蹇叔關於是否襲鄭的爭執。蹇叔看準了秦師必敗，極力勸說穆公不可出師。穆公貪利妄進，招致殽山之敗。軍敗之後，穆公能主動承擔失敗的責任，不歸罪將士。孫權不護自失正與當穆公相類，張昭能有先見之明，正如蹇叔有苦諫之忠。

孫權的大度與窄狹

陳壽稱讚孫權有「屈身忍辱」的大度，又批評他有「性多嫌忌」的窄狹，的確大度與窄狹就是如此矛盾地在他的身上。

從外交而言，他能聽魯肅之議與劉備同盟；破曹之後，他能排除周、呂范借機除玄德之計，反與之結郎舅之宗。借荊州之地。這正是他早年的大度之懷。後能隱忍關羽罵使拒婚之辱，能屈身事丕稱藩，正是其忍辱負重之長。都能體現其爲雄略之主。

但與此同時，又因借荊州與劉備而耿之於懷，甚至遷怒於魯肅；遣張溫結好於蜀，又陰銜恨張溫稱美蜀政，此二事又爲其窄狹。

從內政而言，孫權能敬重老臣，舉拔小輩，廣納賢俊。特別於武將能原宥其過失。

甘寧乃粗猛好殺之勇將，與呂蒙相處亦不太好，又幾番違反孫權命令，孫權甚怒。呂蒙於中相勸，謂天下未定，斗將難得，權即從蒙之言不責其罪，並厚待之，後寧屢建奇功。

潘璋亦為人粗猛，頗有戰功。其性好奢華，至末年尤甚。其服飾用物，每有僭越。吏佐兵士之中或有富者，璋殺人取財，不奉法禁。監司奏其罪，權惜其功勞，原宥其罪。

凌統乃權之愛將，年輕時因酒後與人爭鬥，而致人命，後權亦以功贖其罪。

觀此數例，可知孫權頗能容將帥過失，非濫殺之主。

然孫權於文臣則態度有所變化。權喜用寬和雍容之善士，而不喜直言犯上之諍臣。故顧雍、諸葛瑾、步騭等，性情和緩，舉措安閒之輩，為權親重；而如張昭、虞翻、陸績諸人，或辭色壯厲，或性情狂直，或直言凌厲，是以見疏於權。所以陳壽因孫權不用張昭，「以此明權之不及策也」；以孫權不能容虞翻，乃「非曠宇也」，以孫權出陸績為鬱林太守，乃「賊夫人歟」！

可見孫權用文臣不若用武將能大度容物，終嫌窄狹多忌。

孫權善示恩寵

孫權頗得帝王御將之術，善於施恩示寵，收服人心。

權於老臣，能遇以從隆禮。前文已提及權敬重張昭、張紘諸事，而權所隆禮相待者，並不惟此兩人。老臣朱治從孫堅起事，頗有恩於孫氏。孫權不忘其恩，每有優異。及權爲吳王，朱治進見，「權常親迎，執版交拜，饗宴贈賜，恩敬特隆。」

權於少年後進，多以婚姻繫結其心。陸遜未出名時，權已頗爲親信，以孫策之女配遜。朱治之子朱紀，亦爲權所親愛，亦以策女妻之。駱統年二十，試爲烏程相，甚有政績，權嘉之，召爲功曹，以從兄孫輔之女妻之。張昭之子張承喪妻，張昭欲爲之求諸葛瑾之女，承以爲與諸葛瑾爲同輩之交，求其女似有不妥，孫權聞之，玉成此事。後生女，權又爲其子孫和納之，且令和修敬於承，執子婿之禮。可見孫權頗能以婚姻網羅親信，拉攏人心。

權於戰功卓著之將，頗能優禮隆待，使其光彩非常。魯肅破曹先還，權大請諸將，遠迎於外。肅將拜權，權先起禮拜之，並當衆將朗聲云：「子敬，孫持鞍下馬相迎，足以顯卿未？」當陸遜帥三軍大破曹休歸來，孫權令左右以御蓋覆遜，出入宮殿大門，凡所賜賞，皆御上珍物，恩待之隆重，於時無人可比。周泰為東吳猛將，又有救駕之功，後拜平虜將軍，朱然、徐盛等皆為其部屬，有不服之意。「權特為案行至濡須塢，因會諸將，大為酣樂，權自行酒到泰前，命泰解衣？權手自指其創痕，問以所起。泰輒記昔戰鬥處以對，畢，使復服，歡宴極夜。其明日，遣使者授以御蓋。」孫權如此隆待良將猛士，焉能不令良將猛士殫思極慮，肝腦塗地，以相報答。

權於諸將病疾喪亡，亦能哀戚與共，撫慰人心。呂蒙取荊州不久，病發，權即迎置內殿，萬方治護，並募境內有能治愈蒙之病者賞千金。權欲早晚探視蒙，又恐蒙為之勞動，因穿壁孔以觀，見其稍能進食則喜不自勝，見其轉重，則口中咄嗟，夜不能寐。中間，蒙病稍好轉，權為下赦令，群臣往賀。後轉增篤，權自守視，並命道士設壇於星辰下為之請命。權之重視於蒙，豈惟君臣之義也！

朱然寢疾，後漸轉重，權晝不思餐，夜不能眠，使人送醫藥食物，相望於道。屢遣人探視病情，使者回來，權必召見問訊，入賜酒食，出送布帛。及表，權素服舉哀，為之痛哭。

其他如周瑜、凌統、呂范、闞澤之喪，孫權皆惜感悼，食不能進，哀不能止。孫權亦可謂深情之君。

孫權慣熟種種示恩之法，臣下皆能銜恩圖報，君臣得以意氣相感，頗令人感佩。

論孫權預測曹丕死後亂亡之形

何以孫權如此有把握地論定曹魏必亂？

一者鑑之於古也，二者自身體會深切。

魏文帝曹丕崩後，明帝曹叡即位，能選用忠良，收服民心。東吳陸遜聞知，即上表孫權道其憂慮。孫權以為陸遜此見善矣，遂與諸葛瑾議曰：

近得伯言表，以爲曹丕已死，毒亂之民，當望旌瓦解，而更靜然。聞皆選用忠良，寬刑罰，布恩惠，薄賦省役，以悅民心，其患更深於操時。孤以爲不然，操之所行，其惟殺伐小爲過差，及離間人骨肉，以爲酷耳。至於御將，自古少有。丕之於操，萬不及也。今叡之不如丕，猶丕不如操也。其所以務崇小惠，必以其父親死，自度哀微，恐困苦之民一朝崩沮，故強屈曲以求民心，欲以自安住耳，寧是興隆之漸邪！聞任陳長文、曹子丹輩，或文人諸生，或宗室戚臣，寧能御雄才虎將以制天下乎？夫威柄不專，則其事乖錯，如昔張耳、陳餘，非不敦睦，至於秉勢，自還相賊，乃事理使然也。又長文之徒，昔所以能守善者，以操笮其頭，畏操威嚴，故竭心盡意，不敢爲非耳。逮丕繼業，年已長大，承操之後，以恩情加之，用能感義。今叡幼弱，隨人東西，此曹等輩，必當因此弄巧行態，阿黨比周，各助所附。如此之日，奸讒並起，更相陷懟，轉成嫌貳。一爾已往，群下爭利，主幼不御；其爲敗也焉得久乎？所以知其然者，自古至今，安有四五人把持刑柄，而不離刺轉相蹄齧者也！強當陵弱，弱當求援，此亂亡之道也。子瑜，卿但側耳聽之，伯言常長於計較，恐此一事小短也。

於此番議論之後，裴氏有按語云：「臣鬆之以爲魏明帝一時明主，政自己出，孫權此論，竟爲無征，而史載之者，將以主幼國疑，威柄不一，亂亡之形，有如權言，宜其存錄以爲鑑戒。或當以雖失之於明帝，而事著於齊王；齊王之世，可不謂驗乎！不敢顯斥，抑足表之微辭。」

裴氏按語有這樣三層意思。其一，裴氏以爲魏明帝雖不是孫權所說的那樣幼弱無能之主，但孫權的確預見到了「主幼國疑，威柄不一」的「亂亡之形」。可見孫權是極有遠見的。陳壽存錄以示後世幼主，當引以爲戒。其二，孫權所預測之局面，雖在明帝手上沒有應驗，但到齊王時不是完全應驗了嗎？所以孫權之言亦不虛設，陳壽存錄亦不爲善。其三，裴氏以爲陳壽之所以存錄此番議論，亦有借以隱刺司馬氏纂立之罪的用意。

裴氏按語闡發陳壽用意的確深入妥帖。然孫權之語，亦多有值得闡發之處。

陸遜以爲曹叡執政以後，其患更甚於其祖曹操在世時，孫權深以爲不然。首先，孫權以爲曹操、曹丕、曹叡祖孫三人，操勝於丕，丕勝於叡，是一代不如一代，而不是一代勝過一代。以個人素質而言，曹操雖有殘毒的過失，但其御將行軍之術，爲自古以來少有。曹叡黃口小兒，焉能與曹操相比。以時勢變化來看，曹丕繼承父業，年已長大，又兼其父遺恩遺威尙在，所以政局尙爲平穩。今曹叡幼弱繼位，朝中重臣已無忌憚，曹叡必難駕御此等雄才虎將，禍亂必然隨之而起。所以孫權認定曹叡執政以後務施以惠，以求民心，不過是稍稍自安之計，並非魏復興隆盛之兆。所以陸遜之憂可解矣，陸遜之見小短也。

何以孫權如此有把握地論定曹魏必亂？一者鑑之於古也，二者自身體會深切。孫權繼父兄遺業坐領江東，頗與曹叡繼位相彷。孫權心裡非常明白要駕御跟隨父兄多年的老臣並非易事；要結交心腹，選拔賢能，亦非易事；要翦除異己，肅清朝政，亦非易事。只有迅速辦妥這數項棘手的事，方能立穩君王的腳根。如果幼弱的君王只能隨朝中幾位重臣轉悠，而幾位重臣卻阿黨比周，多懷異心。如此，則小至朝政混亂，大至君位難保。孫權看不出曹叡有什麼雄才大略，卻看見了輔佐曹叡的幾位重臣都不是什麼可以倚靠的人物，所以孫權才有把握大膽推測曹魏必亂，叡不足懼。

孫權之論不僅言中曹魏結局，而且其繼承人孫亮亦步其後塵。孫權能預測到曹魏之危急，難道不能預測自家之憂患？知其如此，猶不聽群臣之諍諫，行廢長立幼之事，其可怪也歟！

孫權自取其亂

陳壽總結東吳之亡，主要歸結於孫權橫廢無罪之子，致使讒言流行，貽禍子孫。的確東吳內政之亂，於太子廢立之際已見其征。

據裴注引殷基《通語》有云：「初權既立和爲太子，而封霸爲魯王，初拜猶同宮室，禮秩未分。群公之議，以爲太子、國王上下有序，禮秩宜異，於是分宮別僚，而隙端開矣。自侍御賓客造爲二端，仇黨疑貳，滋延大臣。丞相陸遜、大將軍諸葛恪、太常顧譚、驃騎將軍朱據。會稽太守滕胤、大都督施績、尚書丁密等奉禮而行，宗事太子，驃騎將軍步騭、鎮南將軍呂岱、大司馬全琮、左將軍呂據、中書令孫弘等附魯王，中外官僚將軍大臣舉國中分。」可見是立孫和還是立孫霸爲太子，群臣之間意見分歧頗大，而且到了各攀所附，相持對立的嚴重局面。面對如此情形，孫權沈吟歷年，下定狠心，幽閉孫和，賜死孫霸，改立幼子孫亮。在此番爭鬥之中，陸遜因與書勸全琮不可攀附魯王而致隙，又因上書屢勸權不可橫廢太子而召權之忌恨，太子太傅吾粲坐數與陸遜交書而下獄死，顧譚因附太子而徙交州；後無難督陳正、無營督陳象強諫孫權不可廢和而被族滅；驃騎將軍朱據、尙書僕射屈晃亦因固諫而被牽入內殿，杖一百，晃被革職斥還田裡，據左遷新都郡亟，途中爲孫弘假詔賜死。群臣之中因強諫坐罪被誅放者共十數人。攀附魯王孫霸的楊竺、全寄、吳安、孫奇亦先後見誅，楊竺之兄因受牽連，徙南州。

此番禍患的確由孫權態度曖昧所拘。孫和於太子登去世之後按禮正式繼立爲太子，可謂名正言順。自赤烏五年和立爲太子，霸立爲魯王，至赤烏十三年廢太子和，魯王霸賜死，其間有八年之久，孫權不能聽從良言，斬隙禍端，坐使事態漫滋，潛愬日興；終致政局混亂，枉害子弟群臣。實是自拘家禍，自取其敗。

觀孫和之爲人，好學求實，頗爲端正。權聽信全公主潛言，深責怒於和及其生母王夫人，夫人以憂死，和遭幽閉廢黜。何以一人之潛言，便能令權違拒群臣之諫，一意孤行若此？可見全公主之言，不過是導火線，眞正的彈藥還是孫權自己。孫權向來對張昭之族有所憚忌，而在孫權病重之際，孫和與張休的密切來往，令權頗爲不快。先前因權信任中書典校呂壹，用法深刻，頗令權與諸臣有隙。於今君臣之間疑懼未除，又起爲自攀附之爭端，權因而痛下毒手，翦除強頑，因而於雙方大開殺戒。朝廷自此混亂，忠義之士爲之心涼。獻媚滑脫之人漸受親信，皇親國戚把持朝政，東吳已無可藥救矣。

裴松之於《吳王孫權傳》之後有按語云：「臣松之以爲孫權橫廢無罪之子，雖爲兆亂，然國之傾覆，自由暴皓。若權不廢和，皓爲世適，終至滅亡，有何異哉？此則表國由於昏虐，不在於廢黜也。設使亮保國祚，休不早死，則皓不得立。皓不得立，則吳不亡矣。」愚以爲松之之語似是而非。凡雄主皆有強臣爲輔，若雄主於將崩之前不能掃除奸邪，扶植忠義，則禍亂必接踵而至矣。孫權先用呂壹已傷衆心，後廢孫和，濫殺忠良，致使朝中無可托之臣，軍中無可倚之將，立幼子以爲嗣，焉得不敗？若權能不廢孫和，誠心彌合呂壹之失，樹忠義之風，疏奸佞之人，則猶有亡羊補牢之益，東吳或有可延之祚。若權不能如此設施，莫說孫和不廢、孫亮不失，即便是孫登不死，孫策復生，亦難扭轉乾坤。可見裴氏只見孫晧之昏虐，不明「事有必至，理有固然。」孫權之後猶能嗣傳之主，綿延二十八年，亦乃大吳洪福也。

孫權與張昭

就用人度量而言，的確孫權不及其兄孫策。若能君臣共損前嫌，大度容物，孫權當可免晚年之過失，東吳當有北進中原之實力。

張子布在漢末算得上是一個聲名卓著的大人物。少好學，從白侯子安學習《左氏春秋》，與當時名士趙昱、王朗友善。博覽群書，見識過人。因徐州戰亂，避難江東。孫策初起事，請子布相助，待之以師友之禮，「命昭爲長史、撫軍中郎將，升堂拜母，如比肩之舊，文武之事，一以委昭。」足見其輕重。

子布交遊頗廣，名滿天下。孫策開拓江東，事業發達，北方士大夫多歸美於子布。狂放不羈，沒有幾人看得上眼的彌正平，對江東人物亦唯獨稱善子布。劉表嘗作書與孫策，書成請彌衡指教，彌看後反問道：「您的大札是寫給孫策帳下的大老粗們看的，還是寫給張子布看的呢？」可見子布在彌氏心目中的地位。

子布深曉治國安民之術，亦有攻討征伐之能。於諸僚佐之中，孫策最爲倚重。不幸孫策爲許貢家奴所傷，臨終之際以孫權托昭，並云：「若仲謀不任事者，君便自取之。」孫策待子布之親重有若劉玄德托孤於孔明。

孫權年少繼統大業，其母吳夫人助理軍國。及吳夫人臨終，亦引見張昭等，屬以後事。張子布之受親重，則又有過於孔明矣。

張昭負雙重重托；忠心輔佐仲謀，遂使江東境內清泰，賢能爲用，國富兵強。然孫權並不太感激子布。反與子布有所爲難。推究其根源大略如此：

其一，張昭聲名顯赫，招權不快。張昭於孫策之時，已有聲名蓋過孫策之勢，然孫策度量恢弘；以爲：「昔者管仲相齊，一則仲父，二則仲父，而桓公爲霸者宗。今子布賢，我能用之，其功名獨不在我乎！」孫權度量不及其兄，故不能容。

其二，張昭直諫犯顏，孫權尤爲不喜。孫權乃氣盛雄主，難聽逆耳之言。而張昭每拿太后、桓王遺囑頂撞孫權，每令孫權於衆人面前無法下台。觀張昭諫言如：「孝廉何得寢伏哀戚，肆匹夫之情哉？」「夫爲人君者，謂能駕御英雄，驅使群賢，豈謂馳逐原野，校勇於猛獸者乎？如有一旦之患，奈天下笑何？」「昔太后、桓王不以老臣屬陛下，而以陛下屬老臣。」言辭之間，皆含威嚴。孫權雖理屈詞窮，而心中不樂，意氣難平。孫權雖不敢把張昭怎麼樣，但敬而遠之。所以公瑾與子布雖都是吳后與孫策囑託重臣，而見親重於權，則頗有差別。

其三，張昭勸權降曹，頗爲權記恨。權每於人前議及子布勸其降曹之過。《三國志》裴注引《江表傳》曰：「權既即尊位，請令百官，歸功周瑜。昭舉笏欲褒贊功德，未及言，權曰：『如張公之計，今已乞食矣。』昭大慚，伏地流汗。昭忠謇亮直，有大臣節，權敬重之，然所以不相昭者，蓋以昔駮周瑜、魯肅等議爲非也。」可見孫權記恨張昭之深也。

其四，張昭於朝中頗具勢力，權不得不有意扼制。張昭於孫策手中即掌軍政大權，後輔佐孫權繼任前職，吳國士大夫入宮拜權，出宮拜昭，其勢力之大，禮遇之重，無人可及，權於他亦畏憚三分，所以對他並不十分信任。權置丞相，衆議推昭，權屢以婉言拒絕，終不授子布丞相之職。

子布雖與孫權有以上諸多矛盾，然子布立身嚴正，不忘孫策、吳后託付，孫權雖存疑忌，亦不敢於元老重臣，肆意妄爲。

陳壽於《三國志‧張昭傳》評曰：「張昭受遺輔佐，功勳克舉，忠謇方直，動不爲已；而以嚴見憚，以高見外，既不處宰相，又不登師保，從容閭巷，養老而已，以此明權之不及策也。」陳壽之評可謂抓住了問題的實質。就用人度量而言，的確孫權不及其兄孫策。正因孫權不能盡昭治國安民之能，而重用明哲保身之臣與急功近利之策，遂令朝中有呂壹之排陷無辜之罪，四境有連年征伐之苦。若能君臣共損前嫌，大度容物，孫權當可免晚年之過失，東吳當有北進中原之實力。

再議張昭勸仲謀降曹

若張昭能見曹操之敗征，反糾結滿朝文臣，共勸降曹，欲為曹公暗助全勝之力，則張昭之罪不可原宥，而孫權反不治其罪，則是孫權心尚不黑。

裴松之於《三國志·張昭傳》，對張昭力勸孫權降曹有這樣一段議論：

臣松之以爲張昭迎曹公，所存豈不遠乎？·失其揚休正色，委質孫氏，誠以厄運初遘，塗炭方始，自策及權，才略足輔，是以盡誠匡弼，以成其業，上藩漢室，下保民物；鼎峙之計，本非其志也。曹公仗順而起，功以義立，冀以請一諸華，拓平荆郢，大定之機，在於此會。若使昭議獲從，則六合爲一，豈有兵連禍結，遂爲戰國之弊哉！雖無功於孫氏，有大當於天下矣。昔竇融歸漢，與國升降，張魯降魏，賞延於世。況權舉全吳，望風順服，寵靈之厚，其可測量哉！然則昭爲人謀，豈不忠且正乎！

余以爲裴氏可以如此說，張昭先生則不可作如此之想。子布從孫策起事，掃清江東，孫策之志向，子布並非不知。至於孫策臨終所托：「中國方亂，夫以吳、越之衆，三江之固，足以觀成敗，公等善相吾弟！」其爭天下之意，已甚爲顯豁。焉能說張昭本無意協助孫氏就霸業，只是意在「上藩漢室，下保民物？」「興復漢室」，在當時不過是群雄叫喊的政治口號，正如秦末各路英雄爭奉「義帝」，各人都有自己的圖謀。即便是倡「興復漢室」最爲響亮的劉備，難道沒有不宣的個人野心？孫氏掃蕩江東，其目的正是爲了割據一方，以觀天下之變，根本不是「上藩漢室」之意。所以裴氏所言「鼎峙之計，本非其志」，並不符合張昭的實情。

所謂「曹公仗順而起，功以義立等言，猶當駁正。」曹公在漢末有「漢賊」之稱，名聲並不好，天下盡知，何以反言「曹公仗順而起」？若操可言順，何人爲不順？

六合爲一，金甌無缺，本是普天下人的共同心願。若操有賢德，忠心輔漢，天下自當歸附。而操殘暴凶狠，無德可稱，天下誰人肯服？是以夏桀有天下，人咒其速亡，陳涉誅暴秦，人稱其大義。企求金甌永固，只是美好的理想，所以裴氏如此設想，雖然美好，但群雄焉肯贊同屈身爲曹操魚肉？

若言權之降曹，「寵靈之厚，不可測量」，何以操手下忠良，偶有開罪，即遭殘戮？若言張昭勸孫權降曹爲「忠」於權，那麼張松、法正勸劉璋降於劉備也是「忠」於璋了，那麼後世將無「漢奸」一詞。宋末投降蒙古人的，是爲了元朝的大一統；明末投降滿人的，是爲了清朝的大一統；到近代投靠列強各國的，就成了國際主義者。

觀裴氏之辭，宛如一篇爲曹公所擬以示張昭的勸降書。張昭先生當日不知有沒有接到類似的密書，我們今天已不得而知。不過張昭先生爲何當日極力勸孫權降曹，我們難以作出滿意的答覆。如若張昭有賣主求榮之嫌，孫權於當時也不會輕易放過。只能說張昭被曹操八十三萬人馬的威勢所驚嚇，不能如周瑜、孔明見其必敗的眞面目，爲江南生靈計，遂勸迎遭之策。觀張昭一生，此爲其一短。可謂智者千慮，必有一失。此失當可原宥，而孫權不肯原宥，則是孫權臉尚不厚。若張昭能見曹操之敗征，反糾結滿朝文臣，共勸降曹，欲爲曹公暗助全勝之力，則張昭之罪不可原宥，而孫權反不治其罪，則是孫權心尚不黑。

孫權與張紘

若用厚黑理論分析，即張紘勸諭孫權於逆耳忠言，宜以厚臉承之，於獻媚小人，宜黑心除之。

張紘之聲名在東南可與張昭相抗，張紘之見重於孫策、孫權兄弟亦與張昭在伯仲之間，且張紘與孫策之交尚早於張昭。孫策先在袁術手下甚不得意，後數詣張紘求教方略，紘爲所感，因建言曰：「若投丹陽，收兵吳會，則荆、揚可一，讎敵可報。據長江，奮威德，誅除群穢，匡輔漢室，功業侔於桓、文，豈徒外藩而已哉？」於是孫策依計而行，遂有江東。

孫策起事，張紘與張昭並爲參謀，常令一人居守，一人從征，俱見親重。后策遣紘奉章至許宮，爲曹操留用於朝。紘與朝中孔融等相善，多爲孫氏宣揚，可謂身在曹營心在東吳。至孫策喪，操欲因表伐吳，爲張紘所諫阻。即表權爲討虜將軍，領會稽太守，並遣紘出輔權，爲會稽東部都尉。

紘之出使，可謂不辱使命。紘之留朝任職本是迫不得已，然留任於朝，對東吳亦頗有益處。若無張紘諫阻，曹公因喪伐吳，孫權尚且年幼，州郡尙未穩定，人心尙存觀望，則未必能抵御曹軍。

紘復歸孫權手下，權亦頗爲敬重。初，權於群臣每直呼其字，而惟呼張昭曰張公，呼張紘曰東部，足見其敬重二人有邁群臣。張紘於孫權屢有建言，亦每爲聽從採納。然紘所持治國之策，與孫權急功之情相左，儘管一時採納，而不能久遠施行。

紘曾諫孫權不可急功動武，其辭曰：「自古帝王受命之君，雖有皇靈佐於上，文德播於下，亦賴武功以昭其勳。然而貴於時動，乃後爲威耳。今麾下値四百之厄，有扶危之功，宜且隱息師徒，廣開播殖，任賢使能，務崇寬惠，順天命以行誅，可不勞而定也。」

觀張紘之言，仍勸孫權偃武修文，充實國力，以圖不勞而定，動則有功之效。張紘治國之策，大略與張昭之意相近。而孫權不能著意領會，津紆西與蜀人爭利，北與魏人爭強，甚至欲浮海遠擊遼東，勞衆襲取夷州。其逞盛壯之氣如此。

張紘臨終曾有書遺權，其辭曰：

自古有國有家者，咸卻修德政以比隆盛世，至於其治，多不馨香。非無忠臣賢佐，闇於治體也，由主不勝其情，弗能用耳。夫人情憚難而趨易，好同而惡異，與治道相反。《傳》曰：『從善如登，從惡如崩』，言善之難也。人君承奕世之基，據自然之勢，操八柄之威，甘易同之歡，無假取於人；而忠臣挾難進之術，吐逆耳之言，其不合也，不亦宜乎！離則有釁，巧辯緣間，眩於小忠，戀於恩愛，賢愚雜錯，長幼失叙，其所由來，情亂之也。故明君悟之，求賢如飢渴，愛諫而不厭，抑情損慾，以義割恩，上無偏謬之授，下無希冀之望。宜加三思，含垢藏疾，以成仁覆之大。

孫權覽省此書痛哭流涕，可見張紘之言戳動了孫權心中的痛處。張氏之辭大略有這樣幾層意思：

其一，有國有家，非不欲修明其治，而往往事與願違，而推託手下無人。其實忠臣賢佐所在皆有。非臣下無治國之術，實由其主不能虛心任用。言之外意，即云孫權你不要責怪手下沒有蕭曹治國能臣，我等皆非等閒之輩，只怪你不任用。孫權捫心自問，則知張紘所言不虛。

其二，君王有趨易好同之習，忠臣爲難進逆耳之艱，忠臣易與君王不諧。有君王不能體會臣子之忠誠，惑於小心之讒諂，則忠臣之良言不能見用，國家亦由此受損。此處雖泛議君王之易昧，忠臣之難爲，實乃指責孫權惑於小忠，好同惡異，不願聽逆耳之言。此言於孫權可謂一針見血。

其三，稱美賢君「求賢如飢渴，受諫而不厭，抑情損慾，以義割恩，上無偏謬之授，下無希冀之望」，突欲孫權能痛改前非，終成大業。

張紘之辭，雖含己之不被理解重用的遺恨，但處處爲孫權設想，其見事之明，其爲臣之忠，能不感慟孫權乎？

若用厚黑理論分析，即張紘勸諭孫權於逆耳忠言，宜以厚臉承之，於獻媚小人，宜黑心除之。情與慾，若不合於厚黑之道，則抑之損之；恩與愛，若不合於厚黑之道，則割之捨之。殆可「含厚藏黑」，成萬世偉業。

孫權論周瑜、魯肅及呂蒙

孫權於周郎無有異議，而於魯肅、呂蒙各說其短長。雖人有親疏之別，才有高下之分，權亦能平心議論，不以短損長。

孫權曾與陸遜議論周瑜、魯肅及呂蒙之短長有云：

公瑾雄烈，膽略兼人，遂破孟德，開拓荊州，邈焉難繼，君今繼之。公瑾昔要子敬來東，致達於孤，孤與宴語，便及大略帝王之業，此一快也。後孟德因獲劉琮之勢，張言方率數十萬衆水步俱下。孤普請諸將，答問所宜，無適先對，至子布、文表，俱言宜遣使脩檄迎之，子敬即駮言不可，勸孤急呼公瑾，付任以衆，逆而擊之，此二快也。且其決計策意，出張、蘇遠矣；後雖勸吾借玄德地，是其一短，不足以損其二長也。周公不求備於一人，故孤忘其短而貴其長，常以比方鄧禹也。又子明少時，孤謂不辭劇易，果敢有膽而已；及身長大，學問開益，籌略奇至，可以次於公瑾，但言議英發不及之耳。圖取關羽，勝於子敬。子敬答孤書云：「帝王之起，皆有驅除，羽不足忌。」此子敬內不能辦，外為大言耳，孤亦恕之，不苟責也。然其作軍屯營，不失令行禁止，部界無廢員，路無拾遺，其法亦美也。

東吳軍事家中當以周瑜、魯肅、呂蒙、陸遜四人最為特出，亦最為孫權所親信倚重。此四人中獨周瑜為孫策重臣，首見信用，其餘三人皆轉相引薦，為孫權所拔舉。周瑜與孫策同年，自幼交好，情同兄弟。孫策開拓江東，得周郎力助。後孫策得橋公二女，自納大橋，瑜得小橋，可謂友上加親。及孫策去世，瑜將兵赴吳一者赴喪，一者有觀望之意。瑜視權可以共成大業，故委心服事。權以瑜掌領兵權，以為依託。瑜雖才智過人，先為孫策所親重，後太妃又使權以兄事之，然瑜不以自重，反事權以臣下禮節，恭敬之態有過於諸將賓客，深得孫權歡心。孫權與周瑜之契，有勝其他諸臣。孫權能制服父兄諸老臣，可以說沒有周瑜的幫助，是難以一時奏效的。後周瑜又有破曹大功，更為孫權所鍾愛。惜其英年早逝，孫權每每懷之。所以孫權以周瑜為東吳第一軍事家，不難理解。

魯肅東胸懷大計，觀天下之變，以擇主而事。後因與周瑜相知，得其力薦於權。權與肅一見而悅，相語言帝王之業。肅雖謙下不足，爲張昭所毀，而孫權不以介意，蓋爲貴重。觀魯肅才略，足以與當世偉人諸葛孔明相抗衡。孫劉能合力抗曹，以成鼎足之勢，實賴此二人之力。孫權平生亦以此二事爲快。然權復以魯肅勸其借地玄德，其御曹公，爲其一短，並嘲肅所謂「羽不足忌」乃「內不能辦，外爲大言。」周瑜歿後，孫權雖用瑜遺言，以肅代瑜之職，然權與肅之間已存芥蒂，權與肅之相契，遠不及權與瑜矣。肅不惟於政治外交上頗有遠見卓識，於治軍用兵亦見稱於時，然觀其一生之成就，似乎未能盡其才。若以肅與孔明相比照，孔明一生奉行聯吳策略，劉備並不以此疏遠孔明。孔明與魯肅之見解相同，而所遇相反。則知孫權之見識度量下劉備亦遠矣，魯肅所謂「羽不足忌」，當非不能辦而說大話。關羽之名重天下，非以其智略蓋世，而以其武勇超群。魯肅若欲圖之，何愁無計。所以魯肅雖以呂蒙所畫圖羽之策爲奇，而終不用之；呂蒙見魯肅不用，復密上策與孫權計議；是以孫權漸親呂蒙而漸疏魯肅。魯肅非與劉備有何私情，亦非懼怕云長不敢爭勝，實欲聯蜀以爲援，待機以觀天下之變。無奈孫權不能窺其大意，呂蒙急功近利，反以魯肅爲不明。孫權至老年尚不悟魯肅用意，其偏守江東，宜也。

呂蒙起身微賤，年十五六即投身行伍。後以果勇為孫策所賞，引置左右。後得張昭之薦，代其亡姊夫鄧當之兵，拜為別部司馬。及孫權統事，欲並合諸山將之兵，蒙知其意，即借款為軍士治戎服，及孫權檢閱之日，見呂蒙所率部伍陳列赫然，操練有素，大悅，即增其兵。自此呂蒙始為孫權親信之列，後從討丹陽、征黃祖，衝鋒陷陣，頗有戰功，屢為孫權嘉獎提拔。後以周瑜、程普等西破曹公，不惟勇猛，亦頗能用謀。孫權亦案加教誨，勸其用心讀書，不數年即學識英博。魯肅先甚輕蒙，及聞其奇謀，越席拊背稱之。周瑜以後，將帥之中，孫權所倚重者呂蒙也。呂蒙能敗關羽，得荆州，深快權意，所以權以其籌略武勇可及於周郎，但惜其談屬不及公謹輩也。武勇之夫，勤心向學，終為智勇雙全之統帥，余以為關羽猶有所不及也。

孫權於周郎無有異議，而於魯肅、呂蒙各說其短長。雖人有親疏之別，才有高下之分，權亦能平心議論，不以短損長。娓娓道來，頗讓人回味。

親而致隙——孫權與陸遜

孫權對於陸遜的信任、封賜與旌獎，隨著陸遜功勳的增添，達到了無可復加的地步。

陸遜爲吳郡吳人，世爲江東大族。少孤，隨從祖廬江太守陸康在官。後康與淮南袁術有隙，懼其來政，即遣陸遜護送親屬家人回吳。孫權繼父兄之業而有江東，廣納俊賢，因征遜爲幕府，時遜年二十有一，與權年相若。遜雖年輕位卑，而行軍撫民皆有過人之處。權遂以兄孫策之女配遜，著意結納，並屢次向他徵求治國安民方略。遜即獻清除山寇，安定心腹，壯大部伍之策。相納其策，並拔之爲帳下右部督。短時之間，遜即安定東三郡，使強者爲兵，弱者補戶，帶出了一支精卒數萬人的隊伍。所以陸遜於後能爲孫權授以大任，並非偶然，權與遜可謂知遇甚早。

孫權對於陸遜的信任、封賜與旌獎，隨著陸遜功勳的增添，達到了無可復加的地步。

當呂蒙潛師以取荊州之時，陸遜奉命西進，領宜都太守，拜撫邊將軍，封華亭侯；當其西進獲得完全成功之後，權以遜為右護軍、鎮西將軍，進封婁侯。權尤感不足，又使楊州牧呂范就辟別駕從事，舉茂才，以榮其身。

當劉備率大軍來攻，權命遜為大都督、假節以拒蜀兵；為遜火燒夷陵，大破蜀軍之後，權即加拜遜為輔國將軍，領荊州牧，即改封江陵侯。

當劉備病亡以後，諸葛亮秉政，復吳蜀之交，「時事所宜，權輒令遜語亮，並刻權印，以置遜所。權每與禪、亮書，常過示遜，輕重可否，有所不安，便令改定，以印封行之。」何其親信，何其倚重！

黃武七年魏大司馬曹休中周魴之誘，舉衆來犯之時，孫權召遜假黃鉞，為大都督以拒休。陸機曾有銘文贊曰：「魏大司馬曹休侵我北鄙，乃假公黃鉞，統御六師及中軍禁衛而攝行之軍，主上執鞭，百司屈膝。」此番破曹休凱旋，「權令左右以御蓋覆遜，入出殿門，凡所賜遜，皆御物上珍，於時莫與為此。」

次年拜遜為上大將軍、右都護；稍後征遜輔太子，並掌荊州及豫章三郡事，董督軍國。

赤烏七年，權以遜代顧雍爲丞相，並下詔稱美有云：「惟君天資聰叡，明德顯融，統任上將，匡國弭難。夫有超世之功者，必應光大之寵；懷文武之才者，必荷社稷之重。昔伊尹隆湯，只尚翼國；內外之任，君實兼之。今以君爲丞相，便使將節守太常傅常授印綬。君其茂昭明德，修乃懿績，敬服王命，綏靖四方。於乎！總司之事，以訓群寮，可不敬與，君其勖之！其州牧都護領武昌事如故。」

權於遜之寵貴褒揚，於此可謂達到了頂峰。

後陸遜因屢諫太子廢立之事，觸怒於權。又有楊竺誣告遜二十條，因見嫌忌。權數遣使責讓於遜，遜憤恚而卒。

陸遜得權之寵貴可謂古今少有。東晉時伏滔以孝武帝臨坐未得他語，而先詞「伏滔何在？在此不？」的寵遇而喜不自勝。若與遜之得寵於孫權，則區區不足道也。

權與遜之相契，可謂有始而無終。陸遜死後，設立太子的事平息下來了，楊竺所告之事也得到了澄清，權曾對陸遜之子陸抗涕泣而致歉曰：「吾前聽用讒言，與汝父大義不篤，以此負汝。」權亦可謂能自悔其過，彌其所失之主也。遜若九泉有知，亦當能解其憤恚，感激涕零。

忍辱負重——陸遜之長

陸遜能忍辱負重，故能勝人所難勝之敵，能示弱於人，故能出其不意，攻其不備。

孫權對陸遜的恩寵達到了無以復加的地步，陳壽修《三國志》也給了陸遜一個非常特殊的待遇：三國人物，有資格單立一卷的主要是幾個帝王，如魏主操、丕、叡，蜀主備、禪，吳主權。將帥輔臣之中惟有諸亮與陸遜單立一卷，其他皆爲合傳。可見陳壽對陸遜是另眼相待的，並且有以他與諸葛亮相匹配的意思。裴松之注《三國志》則於陸遜頗有微辭，明言其不及孔明。孔明僅長於陸遜兩歲，孔明五十四而卒，陸遜六十三而卒，多話孔明十餘年，兩人可算同輩人，兩人都有卓越的成就，兩人都爲其主信賴到了無以復加的程度。陳壽修史，有意突出二人，的確事出有因。裴松之作注貶低陸遜，大約不喜陸遜與孔明爭光。其實孔明之光，又豈他人所能分耶？陸遜之不及孔明，自不用多言相辯，然陸遜亦有其長，不可不爲習厚黑者知之。

當他負孫權重託，統帥五萬大軍抵御劉備來犯之時，諸將或是孫策時舊將，或是公室貴戚，並不太看得起這位書生，所以不甚聽從節制號令，遜揚眉案劍曰：「劉備天下知名，曹操所憚，今在境界，此強對也。諸君並荷國恩，當相輯睦，共翦此虜，上報所受，而不相順，非所謂也。僕雖書生，受命主上。國家所以屈諸君使相承望者，以僕有尺寸可稱，能忍辱負重故也。各任其事，豈復得辭！軍令有常，不可犯矣。」

陸遜這段話有兩個用意，一是威懾諸將，二是解剖自己。威懾諸將主要以劉備強敵與軍法無情相懼，同時又以孫權恩威相勸。三者俱至，諸將雖不心服，亦不敢隨便放肆，這便達到了陸遜訓話的目的。至於陸遜解剖自己的話，在我們今天看來是最有分量的言語，但當日可能無人能聽得進心。前面威懾之言，不過是

「黑」，陸遜自我表白的話乃是「厚」。於「黑」，大家都知道其厲害；於「厚」諸將皆不能曉其妙處。這「忍辱負重」四字正是陸遜的長處，陸遜破關羽用的是它，破劉備用的又是它。呂蒙誇其「意思深長，才堪負重，觀其規慮，終可大任」，正是看到了陸遜能「忍辱負重」的長處。

孫權對於他的這一長處，了解得最早。當陸遜在東三郡清匪除霸，訓練兵卒時，會稽太守淳于式上表告陸遜於鄉里枉取於民，愁擾所在。後陸遜回都見孫權，言談之間，陸遜根本不爲自己辯白，不僅不說淳于式的壞話，反而稱讚他爲佳吏。孫權便怪問道：「淳于式告你的罪，而你卻推薦稱美他，是何道理？」陸遜答曰：「淳于式的用意不過是要愛惜百姓，所以他要告我。若我再來說他的壞話，那反把事情越弄越糟。」孫權聞言嘆曰：「此誠長者之事，顧人不能爲耳。」孫權自此知道僅比自己小一歲的陸伯言，的確是個人物。

陸遜能忍辱負重，故能勝人所難勝之敵。能示弱於人，故能出其不意，攻其不備。能忍讓於人，故能解釋怨恨，獲取人心。觀陸遜之有成，能不記取聖人云。「小不忍則亂大謀」之訓？

沈默是金

夫惟聖人能無過行，明者能自見耳。

孫權因重用中書典校呂壹等，用法嚴苛，纖介必聞，多有誣陷，太子孫登亦曾數次諫權，權不能聽，由此大臣皆不敢再言其非。後孫權感悟，懲處呂壹，深以自責。乃遣中書袁禮告謝諸大將，並徵詢損益時事的意見。袁禮出使回來，向孫權匯報了情況，孫權甚為憂慮，即作詔責備諸葛瑾、步騭、朱然、呂岱等人不諫之過。其辭曰：

袁禮還，云與子瑜、子山、義封、定公相見，並以時事當有所先後，各自以不掌民事，不肯便有所陳，悉推之伯言、承明。伯言、承明見禮，泛涕懇惻，辭旨辛苦，至乃懷執危怖，有不自安之心。聞此悵然，深自刻怪。何者？夫惟聖人能無過行，明者能自見耳。人之舉措，何能悉中，獨當已有以傷拒衆意，忽不自覺，故諸君有嫌難耳；不爾，何緣乃至於此乎？自孤興軍五十年，所役賦凡百皆出於民。天下未定，孽類猶存，士民勤苦，誠所貫知。然勞百姓，事不得已耳。與諸君從事，自少至長，髮有二色，以謂表裡足以明露，公私分計，足用相保，盡言直諫，所望諸君，拾遺補闕，孤亦望之。昔衛武公年過志壯，勤求輔弼，每獨收責。且布衣事帶，相與交結，分成好合，尙污垢不異。今日諸君與孤從事，雖君臣義存，猶謂骨肉不復是過。榮福喜戚，相與共之。忠不匿情，智無遺計，事統是非，諸君豈得從容而已哉！同船濟水，將誰與易？齊桓諸侯之霸者耳，有善管子未嘗不嘆，有過來嘗不諫，諫而不得，終諫不止。今孤自省無桓公之德，而諸君諫淨未出於口，仍執嫌難。以此言之，孫於齊桓良優，未知諸君於管子何如耳？久不相見，因事當笑，共定大業，整齊天下，當復有誰？凡百事要所當損益，樂聞異計，匡所不逮。

此詔稱引古人，闡明事理，推心置腹，詞情感人。足以知孫權不惟有英霸氣度，亦且學識過人。

孫權特作此治以責諸葛瑾等不諫之過，其中自有許多委曲。諸葛瑾等之爲人，向以穩重見稱。察其往日之所爲，則知今日必不肯輕易出言。

諸葛瑾向來自持頗嚴。曾爲使與蜀通好，其弟孔明在蜀爲重臣，瑾與孔明公會相見，退無私面。瑾非不親於弟，而以避免嫌疑於吳也。其子諸葛恪，甚有才名，權深器異，而瑾常嫌之，以爲非保家之子，每以憂戚。瑾非不愛子也，而以爲其病在浮躁不能持重也。瑾每於權有所諷諫，皆宛轉以達其意，非強干君顏以摘其過。所以瑾於呂壹方誅之後，定不會貿然直諫。當孫權以此治下布之後，瑾始因事以答，辭順理正。

步騭之爲人亦以隱忍見長。其祖籍乃臨淮淮陰人。後避難江東，與廣陵衛旌相善，二人種瓜自給，以圖將來。時有焦徵羌乃郡之豪強，騭、旌懼其勢力，乃修刺奉瓜，以獻於焦。時無氏正寢臥未起，騭、旌駐待移時猶不見出，旌怒欲去，騭乃止勸曰：「我們兩人來，正是因爲害怕他勢力大，現在既然來了又要不待他起而去，正是自以爲高，如此，則來拜他反不如不來拜他，這是自取結怨於他的行爲呀！」旌只得同留下來。很久以後焦徵羌才打開窗戶接待他們，自己安坐帳中，而讓騭、旌坐於窗外。旌甚以爲恥，而騭辭色自若。征羌設食，自坐大桌之上，佳餚重疊，而以小盤粗菜款待騭、旌。旌恥而不肯食，騭則放開食量，飽餐而出。旌因責怒騭曰：「你怎麼能忍得下這般羞辱？」騭答曰：「我等本是貧賤之人，所以主人以貧賤來招待我們，也並沒有降低我們的身份，又有什麼覺得可恥的？」觀步騭所爲，知其有同鄉淮陰侯韓信忍受袴下之辱的度量。史稱其「性寬弘得衆，喜怒不形於聲色。」後代陸遜爲丞相。可知步騭亦不會莽撞開罪於孫權。

朱然、呂岱皆孫權所倚重之大將。朱然行事志成持重。少與孫權同學，長爲孫權重用，呂蒙病重，權向可代之人，蒙即舉然。可知朱然深有城府，亦知孫權性情，不會輕易以言取禍。

呂岱初爲縣吏，後爲孫權幕府，甚能稱權意。及統兵縱橫征討，頗有功勳，時人以與陸遜並論。有吳郡徐原，爲岱所薦拔，好直言，岱時有得失，原每直諫，並以語人，人或以原不爲岱諱而非之，岱反嘆曰：「這正是我所以賞識他的長處。」後徐原去世，呂岱爲之痛哭，曰：「德淵，你是我的益友，今不幸，我再於何處聞過？」時人以爲美談。觀呂岱之爲人，可知其謹愼自善之性，非鋒芒必露之人，其不肯臧否人物，指斥時事，可知也。

陸遜、潘濬，於呂壹異權最是痛恨，嘗相語言至流涕。潘濬猶有大會百僚，手刃呂壹之謀。二人忠直，疾惡如仇，因而子瑜、子山、義封、定公皆不肯自陳得失，而推委於二人。

權見諸臣皆懷疑懼，不肯輕言得失；遂作此詔，以加撫慰。權之本懷，頗難測也。觀此詔則有求賢若諷，從諫如流之懷，然觀此後於太子和廢立之爭時，權斬殺忠良死諫之臣毫不手軟，則求賢求諫之誠大可懷疑。陸遜雖功績蓋世，忠誠懇至，終爲孫權責讓，憤恚而死。潘濬先於赤烏二年卒，若活及至此，亦難以善終。而步子山諸長於隱忍自善之人，皆穩渡宦海之波，能不讓人感慨！

若孫權於重用呂壹之時，已於群臣多有疑忌，則此道責緒葛瑾等不諫之詔，已並非曹操後期所頒之求賢令，大抵乃引誘群臣大鳴大放，自己好於中取便之策也，亦即臉厚心黑之術。

王佐奇才與厚黑至尊

宗吾不忍唐突孔明

對於孔明這樣的偉人，宗吾先生心理非常愛惜的，不願以厚黑二字唐突他。

宗吾先生《厚黑學》有言論孔明云：

諸葛武侯，天下奇才，是三代下第一人，遇著司馬懿還是沒有辦法。他下了「鞠躬盡瘁，死而後已」的決心，終而能取得中原尺寸土地，竟至嘔血而死，可見王佐之才，也不是厚黑名家的敵手。

宗吾先生是有膽量用「厚黑」二字把一部《二十四史》一以貫之的，但偏偏貫穿到諸葛武侯身邊，卻顧左右而言他了。看來宗吾先生此時，不是「黑」有不至，便是「厚」有不及，於孔明還有所畏懼，有所不忍。

孔明之才智與品德在三國時已贏得了廣泛的讚譽。自其身亡以後，偶有人指摘其失誤，隨即會遭到推崇者攻擊反駁。詩聖杜甫有詩推許頌揚云：「諸葛大名垂宇宙，宗臣遺像肅清高。三分割據紆籌策，萬古雲霄一羽毛。伯仲之間見伊呂，指揮若定失蕭曹。運移漢祚終難復，志決身殲軍務勞。」可謂推崇景仰之至。對於這樣的偉人，宗吾先生在心裡還是非常愛惜的，所以不願以其發明的「厚黑」二字唐突他。

等到宗吾先生作了《我對於聖人之懷疑》把所有聖賢都打倒之後，膽量便漸漸大起來；等到作《厚黑叢話》的時候，宗吾先生又擴充改造了先前的厚黑理論，以爲「用厚黑以圖謀一己之私制，越厚黑，人格越卑污；用厚黑以圖謀衆人之公利，越厚黑，人格越高尚。」這樣一來便大膽地把諸葛先生請到了厚黑營中。

發表於成都的《厚黑叢話卷五》有云：「人稱孔明爲王佐之才，殊不知：孔明澹泊寧靜，頗近道家，他生平所讀的，是最粗淺的兩部厚黑教科書，第一部是《韓非子》，他治國之術，純是師法申韓，曾乎寫申韓以教後主，申子之書不傳，等我講厚黑政治時再談。第二部是《戰國策》，他的外交政策，純是師結蘇秦。」雖然宗吾先生不直接稱臥龍先生爲諸葛厚黑，但說他平生愛讀的書是最粗淺的厚黑教科書，所做的最得意的事又是仿效師法厚黑而來，其意思已相當明白了。不過諸位深愛孔明的讀者不要動氣，宗吾先生在此完全沒有輕視和侮辱孔明的用意，只是他的厚黑學如果沒有這位人人景仰的偉人來撐門面，那是多麼遺憾，多麼不公平！

既然劉邦的業師張子房先生能夠在厚黑學中排上顯著的席位，那麼劉備的業師孔明先生也應該坐一個上席。宗吾先生先前對孔明眞是愛之不以道。

理有似是而非——陳壽諸葛評

陳壽於《三國志‧蜀書‧諸葛亮傳》綜論諸葛云：「可謂識治之良才，管、蕭之亞匹矣。然連年動衆，未能成功，蓋應變將略，非其所長歟！」世人於此論多有爭議。

或以爲陳壽之父爲馬謖參軍，謖爲諸葛亮所誅，壽父亦被髡刑，故壽有意貶斥諸葛亮。或以爲陳壽之論頗能見孔明之大，孔明之不可及處，原不必以用兵見長。可謂黑者見黑，厚者見厚。

諸葛亮向以智慧爲人稱道，而陳壽稱之「應變將略，非其所長」，當然令人難以接受。即使陳壽自己也知道：「而所與對敵，或值人傑，加衆寡不侔，攻守異體，故雖連年動衆，未能有克。」又豈能以「連年動衆，未能成功」的結果來推斷爲「蓋應變將略，非其所長。」觀陳壽所作《諸葛亮傳》所記寫的大事主要爲隆中對策、說結孫權、南征北伐三個部分，而並不著錄孔明如何治戎理民的優長。陳壽何以要顯其短處，而隱其優長？可見諸葛亮在劉備集團一分列的軍事計劃與行動中有著舉足輕重的地位與不可磨滅的功績。不能以其北伐無成便否定其軍事韜略。陳壽自己也曾說過：「而時之名將無城父、韓信，故使功業陵遲，大義不及邪？」果眞關羽有韓信之能，則劉備的事業必定又是一番景象；設若劉邦沒有韓信爲將，儘管有張子房運籌帷幄，也難快速傾倒項羽，那麼張子房也將被誤解爲「應變將略，非其所長歟！」被認爲是軍事權威的司馬懿在諸葛亮身亡軍退以後，案行其營壘處所曰：「天才奇才也！」司馬懿稱讚諸葛亮的爲「天下奇才」，難道是稱讚孔明的營壘修得漂亮中看？必定是稱其營壘布置，能盡得地利，有攻守之妙，而嘆已之不及也！

是以孔明不僅有治國治軍之能，而且長於謀略策劃，可謂兼有張良、蕭何之長。是以後人每每感嘆：「出師未捷身先死，常使英雄淚滿襟」；「出師一表其名世，千載誰堪伯仲間？」

陳壽以孔明不能奇計攻陷關中，因而稱之「奇謀爲短」、「將略非長」。夫奇謀之設必有所根據，必有所實力。關中之地，自曹操至曹睿經祖孫三代極用心力於此，其目的正是爲了對抗西蜀；又蜀魏力量懸殊頗大，孔明所將之兵，多不過十萬，而曹魏所屯之兵，動輒數十萬；且魏又得坐守之逸，蜀有跋山之艱與運輸之苦，是以魏每能以逸待勞，蜀每因糧盡而返。此皆爲陳壽所知，而陳壽猶以此非孔明不能設謀奇計，不知陳壽又能設出何等奇謀？是以曹操不能取孫權滅劉備，世人不以他「奇謀爲短」，「將略非長」。陳壽稱讚他：「終能怠御皇機，克成洪業者，惟其明略最優也。抑可謂非常之人，超世之傑矣。」孫權稱讚他：「至於御將，自古少有。丕之於操，萬不及也。」皆不因其有所不及，而非其主體。

關於孔明之得失，當然可以辨別。即使是陳壽推崇之至的治國才能，也未必沒有疏漏。《三國志·蜀書·董和傳》載孔明教群下語云：「然人心苦不能盡，惟徐元直處於不惑，又董幼宰參署七年，事有不至，至於十反，來相啓告。苟能慕元直之十一，幼宰之殷勤，有忠於國，則亮可少過矣。」又云：「昔初交州平，屢聞得失，後交元直，勤見啓海，前參事於幼宰，每言則盡，後從事於偉度，數有諫止；雖姿性鄙暗，不能悉納，然與此四子終始好合，亦足以明其不疑於直言也。」可見孔明本非完人，多有闕失而見教於人，可見孔明虛懷若谷，聞諫則喜的胸襟。

孔明事無巨細，皆必自專，是其爲政之失也。然其戰戰兢兢，鞠躬盡瘁之情，能不讓人感動？孔明屢興兵事，勞而無功，是其治軍之失也。然其北伐興復之志，百折不撓之意，嘔心瀝血之誠，死而後已之忠，能不讓人熱淚沾巾？且其爲政與治軍之失，亦有其原因。孔明以爲爲政必使「善無微而不賞，惡無纖而不貶」，他人何能持公平之心如己，又竭誠精心如已，是以不辭勞苦，巨細皆專，又豈好權之人哉！孔明以爲軍備不可懈，懈則將士無鬥志，國家無保障，雖北伐而無功，亦得示武於魏，使魏不敢輕易趨兵直進，叩關攻城，亦乃御敵之策，且

「又自以為無身之日，則未有能蹈涉中原、抗衡上國者，是以用兵不戢，屢耀其武」（陳壽校訂《諸葛亮集》上表晉武帝司炎之語）。則可知其失亦有其情理，不可全盤非議。

綜上所述可知陳壽諸葛之評，與其前後議論自相矛盾，又與其載述不盡吻合。可見陳壽於傳後強立此議，非通達之語。老子云：「以正治國，以奇用兵。」治國與用兵，本相連貫。孔明治國與用兵，皆能奇正兼施，是以「邦域之內，咸畏而愛之，刑政雖峻而無怨者」；治戎講武，分兵屯田，雖屢興征伐，民不以其好大喜功。足以當「以逸道使民，雖勞不怨，以生道殺人，雖死不忿」之論，觀其自出茅廬，屢建奇功，終不負其臥龍之稱。眞乃天下之奇才，三代以下第一人。厚黑學中不能無此君。

事有可爲與不可爲——孔明不納魏延之計

孔明不納魏延之計，又不以魏延為先鋒，且又出師不利，魏延因以恨己才用不盡。後人亦每以此責孔明不能用奇謀。

《三國志·蜀書·魏延傳》有云：「延每隨亮，輒欲請兵萬人，與亮異道會於潼關，如韓信故事，亮制而不許。延常謂亮爲怯，嘆恨己才用之不盡。」此段文字過於粗疏。僅能知魏延欲用奇兵與孔明異道進兵奪中關中，而孔明不許，延因以爲恨。

裴注引《魏略》曰：「夏侯楙爲安西將軍，鎮長安。亮於南鄭與群下計議，延曰：『聞夏侯楙少，主壻也，怯而無謀。今假延精兵五千，負糧五千，直從褒中出，循秦嶺而東，當子午而北，不過十日可到長安。楙聞延奄至，必乘船逃走。長安中惟有御史、京兆太守耳，橫門邸閣與散民之穀足周食也。比東方相合聚，尚二十許日，而公從斜谷來，必足以達。如此，則一舉而咸陽以西可定矣。』亮以為此懸危，不如安從坦道，可以平取隴右，十全必克而無虞，故不用延計。」據此引文則始知其詳。這就是後人時常議論的魏延子午谷之計。

魏延獻此計正是諸葛亮屯兵漢中，首次準備北伐之前。對於如何出兵，準備達到一個什麼目的，諸葛亮都應該有十分周全的考慮。而且這一計劃應該不是三五日之內議論出來，而應該有極長時間的揣度，以及廣泛聽取各方面的意見，最後達成具有絕密性質的總體戰略方針。按照諸葛亮的性格，按照他的遠見卓識，他應該如此。他尚未出山時已能把天下事看得那樣透徹，應該說不是一種巧合。作為一名戰略家，一名軍事家，對每一重大戰役預先都有自己宏觀上的考慮與把握。所以劉邦準備捲土重來三秦，並不是因為臨時由韓信獻出暗渡陳倉之計，才有東進的意圖。劉邦與張良早在鴻門宴以後就開始考慮應付項羽的良策，他們是準備暫時躲到漢中去以蒙蔽項羽與范增的，他們為分封到漢中去不知給項伯送了多少人情呢！他們還故意燒掉棧道以進一步蒙蔽別人。但韓信一看就明白劉邦的意圖，韓信把計策獻出來，又正中劉邦的下懷，是以劉邦即知韓信是個了不起的人才，任務便交給他去完成。諸君如若不信此例，可以再去印證其他重大戰役。

每一次重大戰役的來臨，都不是無緣無故地突然爆發的，都不是那種騎驢看唱本走著瞧的閒散事。

揣摩孔明首次北伐的意圖，竊以爲其志不在直取長安，而在於向雍州、涼州滲透，以求取得立足之地，形成對長安的包圍之勢。這一意圖早以體現在法正勸劉備取漢中的戰役之中。法正當時進言說劉備云：「曹操一舉而降張魯，定漢中，不因此勢以圖巴、蜀，而留夏侯淵、張郃屯等，身遽北還，此非其智不逮而力不足也，必將內有憂福故耳。今策淵、郃才略，不勝國之將帥，舉衆往討，則必可克。克之之日，廣農積穀，觀釁伺隙，上可以傾覆寇敵，尊獎王室，中可以蠶食雍、涼，廣拓境土，下可以固守要害，爲持久之計。此蓋天以與我，時不可失也。」劉備聞言稱善，孔明也一定以爲有理。今漢中既舉，孔明意不在固守偏安，其意必在前二者；而其上策，非一日可以速成；而其中策，正可施行，以成羽翼。是以孔明不讚許魏延之計，而兵出祁山。

孔明不肯聽魏延之計由子平谷突襲長安，是否爲膽怯無謀呢？這需要作些分析。

首先讓我們來看一看魏延的理由。魏延膽敢出子午谷攻長安，是料定夏侯楙乃怯而無謀之輩，聞延至必然乘船逃走。同時又料定孔明從斜谷出兵圍長安只在二十日之內。魏延所舉兩條理由都值得懷疑。

曹操因夏侯淵在漢中被斬，於是主動撤離出漢中，同時必定預防劉備復從漢中出兵攻擊長安，因此所有出入漢中的要道，必定有重兵把守。子午谷與斜谷並非斜僻小道，焉能由得蜀軍輕易通過？

其二，夏侯楙的確是無能之輩，但其手下並非皆爲庸才。長安乃曹魏西北軍事重鎮，已經營許多年，豈能因魏延五千兵馬而棄城而逃。

夏侯楙何許人也？《三國演義》以他本爲夏侯淵之子，自幼嗣與夏侯惇爲子。因聞諸葛亮引三十餘萬大軍犯境，即自告奮勇請兵以敵蜀軍，爲父報仇。而據《三國志·魏書·夏侯惇使》裴注引《魏略》云：「楙字子林，惇中子也。文帝少與楙親，及即位，以爲安西將軍、持節，承夏侯淵處都督關中。楙性無武略，而好治生。至太和二年，明帝西征，人有白楙者，遂呂還爲尙書。」且不論夏侯楙究竟爲誰之子，他能當上安西將軍，主要因爲與曹丕相親，但有其名，而無實權。據《三國志‧魏書‧曹眞傳》云：「是時，夏侯淵設於陽平，太祖憂之。以眞爲征蜀護軍，督徐晃等破劉備別將高詳於陽平。太祖自至漢中，拔出諸軍，使眞至武都迎曹洪等還屯陳倉。文帝即王位，以眞爲鎭西將軍，假節都督雍、涼州諸軍事。……黃初三年，還京都，以眞爲上軍大將軍，都督中外諸軍事，假節鉞。……明帝即位，進封邵陵侯，遷大將軍。諸葛亮圍祁山，南安、天水、安定三郡反應亮。帝遣眞督諸軍軍郡，遣張郃擊亮將馬謖，大破之。」可知從曹丕到曹睿初，西北的軍事大權要掌握在曹眞手中，而不是夏侯楙手中。根據《魏略》可知夏侯楙不過是一位喜歡拈花惹草的花花公子，因爲得曹丕親愛而得此顯職，所以當蜀魏戰爭爆發即被曹睿召到京中遷任尙書的美職。夏侯楙所該做的事都由手下代辦了。

自曹操親征馬超以來，曹魏的戰鬥中心就轉移到了大西北。長安作爲此間最大的軍事重鎭，常年都駐有重兵，而且此間出現了幾位既有頭腦，又實穩健的刺史與太守。其中功績最大的當數張既。張既最先爲新豐令，治績爲三輔第一。後爲曹操拔爲議郎，參鐘繇軍事，征討西北諸將。又隨曹操破馬超平關右，擢爲京兆尹；魏國既建爲尙書，出爲雍州刺史。後隨曹操征張魯於軍政皆有建樹，曾說操拔漢中民數萬戶以實長安及三輔。又拔武都氐人五萬餘落出居扶風、天水界，安定隴西、天水、南安民心。至文帝時設置涼州，又使張既平息涼州叛亂，史稱其「臨二州十餘年，政惠著聞，其所禮辟扶風龐延、天水楊阜、安定胡遵、酒泉龐濟、燉煌張恭、周生烈等，終皆有名位。」張既帶著他的這一幫人在大西北的確是做得非常漂亮。曹丕曾稱讚云：「此動非但破胡，乃永寧河右，使吾長無西顧之念矣。」

其他如武功人蘇則，「起家爲酒泉太守，轉安定、武都；所在有威名」，後定下辯諸氐，通河西道有功，徙爲金城太守。後平定諸叛，安定吏民有功，加護羌校尉，賜爵關內侯。

再如天水楊阜破馬超有功，曹操賜阜關內侯，後爲武都太宋，亦頗著威信。將領之中如張郃、徐晃、郭淮，皆久征於雍、涼、益州，有勇有謀，能征善戰。陳壽作史，以張遼、樂進、于禁、張郃、徐晃爲曹操良將中最特出者，而張遼、樂進、于禁主要征戰於東南，而張郃、徐晃，轉戰於南北，頗有戰功，特別是張郃、劉備、孔明都於他有所憚懼，陳壽稱他「以巧變爲稱」。郭淮乃後起之俊。初以丞相兵曹議令史，從征漢中，後留漢中爲夏侯淵司馬以扼劉備。後張郃繼淵，郭淮復爲司馬。曹丕即位，賜爵關內侯，轉爲鎮西長史，行征羌護軍，後擢領雍州刺史，封射陽亭侯。

從曹魏軍政大員素質來看，從其所採取的預防措施來看，除了夏侯楙一人所用非人，其他皆難以作過多的挑剔。所以魏延所作出的判斷皆無幾分把握，且根本不考慮失敗的後果，所以孔明不肯接受。

孔明出師祁山正是想進攻曹魏的薄弱之處，同時於祁山有進攻退守之便。採取聲東擊西之術，命趙雲、鄧芝進軍斜谷，自將大軍出祁山，並遣馬謖先鋒進於街亭，高詳率兵屯於列柳城。其聲勢頗爲浩大，南安、天水、安定三郡叛魏以亮。曹魏對此舉反應特別敏感，魏明帝立即遣大將軍曹眞都督關右軍事，進兵以御趙雲、鄧芝，遣右將軍張郃以攻馬謖，又遣大將郭淮以攻高詳。曹魏能作出如此迅速的反應大概出乎孔明的意料之外，而且孔明三路軍馬皆爲曹魏將帥擊敗，更出乎孔明的意料之外。孔明採取如此穩妥之策，又直攻其薄弱之處，竟然不能獲尺寸之功，可知曹魏之強大難敵，亦可知孔明欲有所開拓難矣。

孔明首次北伐以失敗告終，更直接說明魏延之計切不可施。若孔明聽從魏延之計由斜谷出兵，必然大軍為曹眞所阻。縱使魏延能突破子午谷守兵，直犯長安城下，然又何能為也，其必為魏軍所擒。

孔明不納魏延之計，又不以魏延為先鋒，且又出師不利，魏延因以恨己才用不盡。後人亦每以此責孔明不能用奇謀。此乃不明當時之勢，為魏延之言所迷惑。孔明非不欲直取長安，實乃擔心作賊不成，反為所捉，即黑不可施，轉行厚術。

情有不忍，法有難容——馬謖之死

行「黑」術而人不怨恨，反甘心受貶受死，其厚黑之道，亦可謂「近乎道也。」

《三國志·蜀書·馬良傳》後附馬謖生平事跡云：「良弟謖，字幼常，以荊州從事隨先主入蜀，除緜竹成都令、越巂太守。才器過人，好論軍計，丞相諸葛亮深加器異。先主臨薨謂亮曰：『馬謖言過其實，不可大用，君其察之！』亮猶謂不然，以謖爲參軍，每引見談論，自晝達夜。建興六年，亮出軍向祁山，時有宿將魏延、吳壹等，論者皆言以爲宜令爲先鋒，而亮違衆拔謖，統大衆在前，與魏將張郃戰於街亭，爲郃所破，士卒離散。亮離無所據，退軍還漢中。謖下獄物故，亮爲之流涕。良死時年三十六，謖年三十九。」

從此段載述可知馬謖向爲諸葛亮所器重，雖劉備臨終前囑亮不可重用馬謖，而亮不聽劉備之忠告，擢拔爲參軍，以參議軍機大事。至亮初出祁山，亮又不用宿將魏延、吳壹等爲先鋒，而違衆拔謖爲前鋒。後因謖爲張郃敗於街亭，使亮進無所據，退軍還漢中。謖因軍敗而下獄物故，亮深爲傷情。

關於馬謖因何而致敗，《三國志・諸葛亮傳》云：「謖違亮節度，舉動失宜，大爲郃所破。」。《三國志・張郃傳》云：「謖依阻南山，不下據城。郃絕汲其道，擊，大破之。」《三國志・王平傳》云：「謖捨水上山，舉措煩擾，平連規諫謖，謖不能用，大敗於街亭。衆盡星散，惟平所領千人，鳴鼓自持，魏將張郃疑其伏兵，不往偪也。於是平徐徐收合諸營遺迸，率將士而還。丞相既誅馬謖及將軍張休、李盛，奪將軍黃襲等兵，平特見崇顯，加拜參軍，統五部兼當營事，進位討寇將軍，封亭侯。」由於上引文可知馬謖既違亮節度，又不聽王平數番勸阻，一意孤行，而終致大敗，身裁軍法。王平因有屢諫之明，又有退敵收兵之功，獨見嘉獎。可見《三國演義》寫馬謖失街亭大抵為歷史眞實，只是以曹魏主帥為司馬懿，與史實不合。

馬謖死後，論者多此非孔明不明不智。裴松之注引習鑿齒之論云：「諸葛亮之不能兼上國也，豈不宜哉！……為天下宰匠，欲大收物之力，而不量才節任，隨器付業；知之大過，則違明主之誡，裁之失中，即東有益之人，難乎其可與言智者也。」

竊以為若乃他人有此失，猶可以不死，而馬謖有此失，則必為正法。何以言之？其一，諸葛亮與馬謖止主帥與參將之親密，且有兄弟父子之深情。孔明於荊州時即與馬謖之兄馬良相親善，馬良之見用於劉備，亦由孔明之引薦與推重也。良留守荊州時曾作書與孔明，即呼亮為「尊兄」。孔明自馬良於夷陵遇難以後，即甚親重良弟馬謖，是以劉備臨終有勸囑之語。孔明不用劉備之言，既拔之為參軍，又委以先鋒之重任，衆人已有不平之意。今馬謖既不聽孔明節度，又不聽王平勸阻，致使全軍大敗。若孔明不斬馬謖，如何能向衆人交待？人必以為孔明任人惟親，執法不明。

裴注引《襄陽記》云：「謖臨終與亮書曰：『明公視謖猶子，謖視明公猶父，願深惟殛鯀與禹之義，傳平生之交不虧於此，謖雖死無恨於黃壤也。』於時十萬之衆為之垂涕。」可知孔明與馬謖相交之密，馬謖之死，亦由此相交之密不可解也。

是以宗吾先生於《厚黑叢話卷一》有云：「李次青是曾國藩得意門生，國藩兵敗靖港、祁門等處，次青與他患難相共。後來次青敗失地，國藩想學孔明斬馬謖，叫幕僚擬奏折嚴參他……奏折上去，次青受重大處分。國藩此等地方手段很辣，逃不脫一個黑字，然而次青仍是感恩知遇，國藩死，哭以詩，非常懇摯。」可見宗吾先生即以曾國藩這一「古今完人」視作孔明先生這位「三代下第一人」的私熟弟子。行「黑」術而人不怨恨，反甘心受貶受死，其厚黑之道，亦可謂

「近乎道也。」

兩虎相鬥，一箭雙雕——魏延之反

魏延之反，已先有誣告之心與叛逆之舉，且士衆皆知其曲，紛紛離散。可知魏延之罪已不可洗清矣。

《三國演義》第五十三回寫關云長取長沙以後，玄德與孔明入城，云長引見降將黃忠、魏延有云：「玄德待黃忠甚厚。云長引魏延來見，孔明唱令刀斧手推下斬之。玄德驚問孔明曰：『魏延乃有功無罪之人，軍師何故欲殺之？』孔明曰：『食其祿而殺其主，是不忠也；居其過而獻其地，是不義也。吾觀魏延腦後有反骨，久後必久，故先斬之，以絕禍根。』玄德曰：『若斬此人，恐降者人人自危。望軍師恕之。』孔明指魏延曰：『吾今饒汝性命。汝可盡忠報主，勿生異心；若生異心，我好歹取汝首級。』魏延喏喏連聲而退。」這段文字不知演義作者是吾有所依據而作，搜索《三國志》及裴注皆不見載引。然孔明能知魏延於其身後必不服節制已明白載入史籍。

觀魏延之戰功，可繼列於關、張、黃、馬、趙之後。其授任之顯重，亦可謂頗爲風光，並未屈才。其先以部曲隨劉備入蜀，因數有戰功，遷爲牙門將軍。後劉備取漢中，當得重將以鎭之。衆論以爲非張飛不可，飛亦以心自許，然劉備擢拔魏延爲督漢中鎭遠將軍，領漢中太守，一軍皆驚。後劉備即帝位，進拜魏延爲鎭北將軍，封都亭侯。諸葛亮駐漢中，以魏延爲督前部，領丞相司馬、涼州刺史。後因破魏將郭淮等有功，遷爲前軍師征西大將軍，假節，進封南鄭侯。

然魏延性情矜高，自我感覺過於良好。曾對諸葛亮獻計出兵子午谷以取長安，孔明制而不許，延以此恨亮，每嘆己才用不盡。因此與孔明有所隔閡。又至孔明出兵北征之時，跟隨先帝征戰的大將多已謝世，無人能出其上，更是目空一切，不可一世。時有長史楊儀善於治軍，頗有謀略，亦爲諸葛亮所倚重。諸人皆避下魏延，獨楊儀不甚避讓，因而延深以爲恨，二人有如水火。先諸葛亮於二人皆有借重依憑，所以每於二人之中勸和，不忍有所偏廢。後亮於軍中病困，密與楊儀、費禕、姜維等商量身歿後退軍節度，欲令魏延斷後，姜維次之，楊儀等先行；若魏延不服節度，起軍自廢便是。後孔明歿後，楊儀即遣費禕探察魏延意圖。延果然不服，曰：「丞相雖亡，吾自見在。府親官屬便可將喪還葬，吾自當率諸軍擊賊，云何以一人死廢天下之事邪？且魏延何人，當爲楊儀所部勒，作斷後將乎！」並邀費禕與己連名先告諸將造反。費禕詐言往說楊儀服從魏延之命，即馳馬而去。禕往報楊儀，商量按孔明遺命行事。魏延遣人覘知，便率軍徑先南歸，所過之處燒絕閣道。儀等槎山通道，晝夜兼行，追繼延後。延與儀各相表對方叛逆，朝中侍中董允、留府長史蔣琬，皆保儀疑延。延至南谷口，遣兵擊儀。延軍與儀軍相對，儀將何平於陣前朗聲叱責魏延與衆等：「公亡，身尚未寒，汝輩何敢乃爾！」延士衆知曲在延，遂皆離散。延不戰而敗，獨與子等數人逃亡至漢中。儀遣馬岱追斬魏延。遂平此難。儀既領軍還，又有誅延之功，自以爲當代亮秉政。亮於出軍前已密奏劉禪，欲以蔣琬繼任己職，而以楊儀性情狷狹，難以撫慰衆人。遂用蔣琬爲尚書令、益州刺史。拜楊儀爲中軍師，無所統領，因此楊儀甚爲不滿，怨憤形於聲色。後有反叛之言，爲費禕所參，遂被廢爲民。

觀諸葛亮前後所爲，可推知非惟知道魏延必反，且知楊儀亦不肯服。是以孔明設計讓魏延與楊儀相鬥，借楊儀之手除掉魏延，而使蔣琬於中取利，順勢削其職位。若謂此舉爲智，其智亦足以遠及身後，貫通三界。若謂此舉爲黑，其黑能無形無影，算計無遺。

陳壽於《魏延傳》後猶爲延開脫曰：「原延意不北降魏而南還者，但欲隆殺儀等。平日諸將素不同，冀時論必當以代亮。本指如此。不便背叛。」

陳壽言魏延本不欲降魏，只想除掉楊儀，代任孔明之職。難道楊儀在費禕面前說了幾句：「往者丞相亡沒之際，吾若舉軍以就魏氏，處世寧當落度如此邪！令人追悔不可復及。」便一定想去降魏嗎？我想楊儀也不過是一時的氣憤之語。魏延之反，已先有誣告之心與叛逆之舉，且士衆皆知其曲，紛紛離散。可知魏延之罪已不可洗清矣。楊儀之反，已有明明白白的言語在，豈再有口能辯其誣？

魏延、楊儀雖皆有一功於蜀，又爲劉備、孔明身前所重用，然貪於名位，性情狷狹矜高，終招殺身之禍，此皆黑而不厚之徒。

身在曹營心在漢

「身在曹營心在漢」是世人皆知的俗語，這個俗語的主人是關公，但徐庶也是這樣一位家喻戶曉的三國人物。

世人對徐公的印象大略如此：其一爲孝子。遺憾的是因爲母親的緣故而斷送了他一生的前程，倘若始終跟著劉備，也許後半生的境況會很不一樣。其二是忠臣。因爲忠心於劉備而終生不爲曹氏設一謀。這就類似了上面的那個俗語，也使得那些忠於漢室的人大爲佩服。在我看來，徐庶既可以說是如此，亦未必如此。

世人對徐公的印象大略來於《三國演義》。《三國志》爲當時不少謀臣立了傳，但沒有徐庶。關於徐庶的敘述只散見於《諸葛亮傳》中。其始有云：「惟博陵崔州平、穎川徐庶元直與亮友善，謂爲信然。」道出徐庶籍貫姓字及與亮之關係。接下去又云：「時先主屯新野。徐庶見先主，先主器之，謂先主曰：『諸葛孔明者，卧龍也，將軍豈願見之乎？』先主曰：『君與俱來。』庶曰：『此人可就見，不可屈致也。』將軍宜枉駕顧之。」交待徐庶在新野始投劉備並為劉備所器重，並進而向劉備推薦了自己的好友孔明。最後敘及徐庶的是：「俄而表卒，琮聞曹公來征，遣使請降。先主在樊聞之，率其衆南行，亮與徐庶並從，爲曹公所追破，獲庶母。庶辭先主而指心曰：『本欲與將軍共圖王霸之業者，以此方寸之地也。今已失老母，方寸亂矣。無蓋於事，請從此別。』遂詣曹公。」說明徐庶北上投操之前曾與孔明共事劉備，而且劉備爲曹操大軍所逼而南奔之時，徐庶與諸葛亮皆在奔竄途中。當時徐母亦隨軍南下，終因劉備兵敗而爲曹操所得。這就說明徐母並非曹操以計賺至許昌，而是在南征荊州時被俘獲。

按《三國志》的記載，徐庶辭劉備，恰在劉備危急之時，而操方盛之際，雖有老母之辭作托，但很難避免投機之嫌。

《三國演義》對這段史實進行了改編，以曹操聽程昱之計賺徐母至許昌，令徐母召庶，徐母不從，而程昱又生一計，詐修徐母手書而終致徐庶。且事在操南征和孔明出山之前。《三國演義》所書徐庶事跡，大體爲虛構。拉開徐庶這場戲的引子——「劉皇叔躍馬過檀溪」由傳聞寫來；徐庶這場戲的尾聲——「元直走馬薦諸葛」，亦乃虛構，作者溶鑄了江淹《別賦》及唐人別詩的意境，寫來別有一番滋味。所以《三國演義》所寫徐庶故事從其前前後後來看都是以虛構爲主，可謂：「七分虛構，三分實事」。所以小說中的徐庶與歷史上的徐庶有較大的距離。

我們下面對小說中的徐庶試作一番分析。《三國演義》寫徐庶大略有三個方面的意圖。其一，寫徐庶即爲導引諸葛亮出場，襯托諸葛亮的蓋世之才，所以作者分外賣力。其二，寫徐庶即借以寫劉備思賢若諞，大仁大義，因此寫徐庶即寫劉備；還有一層，寫徐庶，必及徐母，寫徐母即寫曹操，所以作者不得不賣力。其三寫徐庶亦爲光大其「忠孝節義」的宗旨，所以寫徐庶亦爲正題，作者又何樂而不爲呢！

前二點已經比較明白，不用多敘。最後一點乃「厚黑」學的天敵，不可不尋出一些紕漏。

所謂寫徐庶即爲光大其「忠孝節義」的宗旨，我看這種努力似乎走到它的反面去了。魯迅先生曾批評《三國演義》：「欲顯劉備之長厚而似僞」。這就是說劉備的長厚值得懷疑，不是與我們厚黑教主宗吾大師所見略同嗎？我們徐庶也可以作爲我們厚黑學中的一位韜略之士。

所謂徐庶的「忠、孝、節、義」，即對劉備之「忠」，對母親之「孝」，持「節」而不事曹，守「義」而對親友也。推而論之，從劉備而不能善其始終，不可謂「忠」；有人殺其母而不圖雪深仇，不可謂「孝」；雖心有所不願，但終爲其臣僚，不可謂持「節」；以誑騙惑衆而圖一己之安，不可謂守「義」。前二者事實俱在，毋庸贅言。今試以《三國演義》中諸事以證後二者。

徐庶告別劉備之時，已立誓願：「縱使曹操相逼，庶亦終身不設一謀。」而且《演義》第三十七回之中亦有云：「徐庶葬母柩於許昌之南原，居喪守墓。凡曹操所賜，庶俱不受。」似乎徐庶成了一個居喪守墓的孝子，與曹操完全斷絕了關係。但諸君試看《演義》第三十九回叙曹操命夏侯惇等進攻劉備時，荀彧諫之不可輕敵，徐庶也在其旁湊熱鬧道：「將軍勿輕視劉玄德。今玄德得諸葛亮爲輔，如虎生翼矣。」則徐公又儼然曹操謀臣也。古人居喪守墓，辭官歸里，長達三年之久者甚多。今徐母可謂新逝，徐公又爲何耐不住寂寞而侍於曹操左右乎？

如果以《三國演義》作者所標榜的「節」與「孝」的內涵加以衡量，則其「節」可疑，其「孝」亦可疑也。

我們再來看《三國演義》第四十七回之末與四十八回之開篇，敘寫徐庶與龐統在江畔的密令。似乎徐庶念故友之誼，保證不壞此大事，而只尋自己脫身之計。龐統走後，他便採用了散布謠言而亂人心，以圖一己之安的手段。食人俸祿而以謊言亂人軍心，且不論其「忠」否；臨危而懼死，誆騙以圖存，其「義」又焉附？

可見《三國演義》的作者本想把徐庶寫成一位「忠、孝、節、義」四德俱備之人，而實際結果卻適得其反。徐庶與孔明是朋友，既然宗吾先生把孔明也請到了厚黑帳下，我們再把徐元直邀來也不為過。

厚黑之至尊

司馬老兒在《厚黑學》中的地位，譬之天地則如泰山之在地，北斗之在天；譬之器物則如領之在衣，綱之在網。誠為厚黑之至尊，古今之楷模。

宗吾先生曰：「後來曹操、劉備、孫權相繼死了，司馬氏父子乘時而起，他算是受了曹、劉諸人的陶鑄，集厚黑學之大成。他能夠欺人寡婦孤兒，心地之黑與曹操一樣；能夠受巾幗之辱，臉皮之厚，還更甚於劉備。我讀史見司馬懿受巾幗這段事，不禁拍案大叫：『天下歸司馬氏矣！』所以到了這個時候，天下就不得不統一，這都是『事有必至，理有固然』。」

我讀史至《晉書·宣帝紀》恨不毀書痛罵。司馬老兒之為人，真乃無恥心黑之徒。是以其玄孫晉明帝聽王導稱說其事，亦羞慚不過，以面覆床。是以宋儒寧願把正統之位加到劉阿斗之身上，也不願作司馬老兒以後的傳人。我讀宗吾先生《厚黑學》至此節，知宗吾先生先言曹操、劉備、孫權之爲人尚有幾分遊戲的筆墨，而至演說到司馬老兒則已假戲眞做了。他的厚黑理論已可以毫無愧色立足於天地之間，因爲有這位司馬老兒撐腰，又復何懼！

司馬老兒在《厚黑學》中的地位，譬之天地則如泰山之在地，北斗之在天；譬之器物則如領之在衣，綱之在網。誠爲厚黑之至尊，古今之楷模。宗吾先生在自有生民來尋得此人正如他在自有學問來尋得老子。他以老子爲中點，以莊子向上推，直至佛氏諸學，乃一切出世法之淵藪；以孔子向下推直至楊朱墨翟，俱是世間法之法門。他以司馬懿爲中點，向上推至三皇五帝乃爲厚學之始祖，向下推至唐宗、宋祖、朱洪武、袁洪憲，皆被其黑學遺澤。所以宗吾先生始有膽量以厚黑二學貫穿二十四史。

魏晉文士生活在曹氏父子與司馬氏父子的無恥黑心的氛圍之中，一定破滅了許多人生的美好幻想，一定懷疑周公之德與孔子之言。理想的破滅，與人生的無常，必定讓他們苦悶欲死。所以我知道阮籍爲何而窮途而哭，劉伶緣何醉生夢死。

宗吾先生當袁世凱、張勛復辟的亂世，亦當有許多厚黑的見聞與感慨，遂昌天下之大不韙立此異說，豈期以此教唆，不過欲明天下人之慧眼也。

三番裝病之詐

若司馬懿生在當代，使之從事演藝事業，必定是位紅得發紫的大牌明星。你看他自編自導自演，何其乾淨利落，細緻傳神！

司馬懿為司馬朗之弟，自少有英名。時尚書崔琰與朗相善，見司馬懿之相貌氣宇，即謂朗曰：「君弟聰亮明允，剛斷英特，非子所及也。」的確司馬朗與司馬懿相比，朗不過一忠厚老實人。司馬懿身體強健，然一生中卻有三番裝病。

開初曹操為司空，欲辟司馬懿為掾，懿不欲輕隨曹氏，即辭有風痹之疾，不能起居。曹操密使人窺探，懿即有察覺，堅臥塌上以示病重。重操自幼便有裝病的本領，當然也知道司馬懿在耍滑頭。當曹操為丞相以後，又辟司馬懿為文學掾，並叮囑使者：「若他還推委不肯來，你們就給我把他拿下。」司馬懿見曹操玩真的，其病也只好豁然而癒。

這次裝病一來是借以抬高身價，二者仍持觀望的態度。但碰上了曹操這位裝病的內行，所以也難蒙混過關。

當齊王繼位以後，曹爽逐漸把持朝政，排擠司馬懿。司馬懿開始行使他的隱忍陰術。於正始八年五月，稱疾不與政事。至九年春其病猶不見好，曹爽等人將信將疑。時有河南尹李勝將往荊州任職，曹爽等即遣李勝往窺司馬懿病之眞假。司馬懿明知李勝來訪本意，即裝出病體極爲沈重之態：「使兩婢侍，持衣衣落，指口言渴，婢進粥，帝不持杯飲，粥皆流出霑胸。勝曰：『衆情謂明公舊風發動，何意尊體乃爾！』帝使聲氣才屬，說『年老枕疾，死在旦夕。』君當屈並州，並州近胡，善爲之備。恐不復相見，以子師、昭兄弟爲托。勝曰：『當還忝本州，非並州。』帝乃錯亂其辭曰：『君方到並州。』勝復曰：『當忝荊州。』帝曰：『年老意荒，不解君言。今還爲本州，盛德壯烈，好建功勛！』勝退告爽曰：『司馬公屍居餘氣，形神已離，不足慮矣。』他日，又言曰：『太傅不可復濟，令人愴然。』故爽等不復設備。」（《晉書·宣帝紀》）司馬懿的表演何其維妙維肖，李勝被他哄騙得深信不疑，曹爽等亦因此解除了戒備之心。若司馬懿生在當代，使之從事演藝事業，必定是位紅得發紫的大牌明星。你看他自編自導自演，何其乾淨利落，細緻傳神！曹爽小兒不知天有多高地有多厚，竟敢與司馬老兒鬥法，其為誅滅亦是自取其禍。

自嘉平元年正月司馬懿除掉曹爽諸人，二月即為丞相，封邑增至二萬戶，奏事不名。十二月，加九錫之禮，朝會不拜。至二年春，司馬懿又重玩故技，稱病不任朝請，每有大事，齊王曹芳便自往司馬懿府中諮訪。齊王曹芳已完全在他的控制之下，其處境，已如漢帝在曹操加九錫之禮以後。司馬懿之野心已昭然若揭。

司馬懿三番裝病，第一番雖然頗為用力，但碰上了行家，只得暫且敷衍而過；第二番裝病，裝得聲情並茂，達到了最佳效果；第三番故技重演，已頗為輕鬆，即使曹芳知道其病有詐，也不得不緘口不言，屈身前往受訓。

等到嘉平三年六月，司馬懿此番眞正得了重病。每夢見賈逵、王凌之鬼來索命，病情日見沈重。至八月而卒，葬於首陽山下。司馬懿居然有膽量要求於死後將他葬於首陽山，那為貞節而餓死在首陽山伯夷、叔齊，未必容得下他。

二受遺託之重

司馬懿兩番受主託孤之重，三朝受魏之恩惠，竟然無一點盡忠事主之念，全是奸臣賊子之心。

司馬懿爲曹操強辟爲文學掾以後，於是與曹丕往來頗多，情好日密。曹操因見司馬懿年輕而有雄才豪志，又生得狼顧猜忍之相，復又有三馬同食一槽之夢，所以很想除掉他以免後患，但因曹丕遮護阻攔，故以免遭殺害。曹操曾警告曹丕云：「司馬懿非人臣也，必預汝家事！」及曹丕繼位，不以其父勸戒遺言爲意，屢番加封寵職，並屢有詔言：「吾深以後事爲念，故以委卿。曹參雖有戰功，而蕭何爲重。使吾無西顧之憂，不亦可乎！」「吾東，撫軍當總西事；吾西，撫軍當總東事。」其爲曹丕親重若此！

至曹丕病篤，乃召馬司懿與曹眞、陳群等於崇華殿之南堂，並托輔孤之重，詔令太子曰：「有間此三公者，愼勿疑之。」若以三人比作拉車之馬，則司馬懿是其中最雄壯最有忍力者，其地位已不可動搖。

及曹睿即位，司馬懿屢受南征北討重任，軍權亦漸漸轉落司馬氏手中。南邊屢敗東吳大軍，西邊數破孔明之師，東邊討平公孫文懿，又斬孟達謀反之師於新城，收申儀於克捷之後。可謂境外已無敵手，胸中已藏奸心。觀其將征公孫文懿之前的宴酣之歌可知其意。歌曰：「天地開闢，日月重光。遭遇際會，畢力遐方。將掃群穢，還過故鄉。肅清萬里，總齊八荒。告成歸老，待罪舞陽。」此歌之志與曹孟德征烏桓時所作《步出夏門行·觀滄海》之詩頗相似。雖仲達之歌不若孟德之詩爲人所重，但野心與氣魄當在伯仲之間。

曹丕以司馬懿比作蕭何，曹睿又進一步比之爲周公。司馬懿能無愧於心嗎？至曹睿病篤將亡，司馬懿東征未還。睿忍死相待，及見司馬懿，執其手，目齊王云：「以後事相託。死乃復可忍，吾忍死待君，得相見，無所復恨矣。」其恩重之情，雖劉備待諸葛亦不過此。

司馬懿兩番受主托孤之重，三朝受魏之恩惠，竟然無一點盡忠事主之念，全是奸臣賊子之心。其爲人之心黑臉厚，至此亦極矣！

曹操雖比之司馬懿有所不及，然其爲始作俑者，其報應亦速也。曹丕、曹睿不聽父祖遺言，一味重用司馬懿，遂使大權旁落，斷送國祚，眞乃不知乃父乃祖之所以興也，其不明之甚也。兩代執手托孤，妄比前代賢哲，恰似引狼入室，飲鴆止渴。其爲司馬氏所乘，正是自取其禍。司馬氏後人能知其先祖之恥，知人間自有公道良心在，爲厚爲黑，「雖自隱過當年，而終見嗤後代。」

孔明與仲達孰長？

宗吾先生的結論：「諸葛武侯，天下奇才，是三代下第一人，遇著司馬懿還是沒有辦法。」

關於孔明與仲達孰長，自古以來多有爭論。裴松之注《三國志》即引吳大鴻臚張儼《默記·述佐篇》論孔明與仲達二人優劣之文，頗能代表世人重孔明而輕仲達之辭，至唐人房玄齡等撰修《晉書》亦持此說，特別認爲司馬懿在軍事上不若孔明：「既而擁衆西舉，與諸葛相持。抑其甲兵，本無鬥志，遺其巾幗，方發憤心。杖節當門，雄圖頓屈，淸戰千里，詐欲示威。且秦蜀之人，勇懦非敵，夷險之路，勞逸不同，以此爭功，其利可見。而返閉軍固壘，莫敢爭鋒，生怯實而未前，死疑虛而猶遁，良將之道，失在斯乎！」

竊以爲孔明與仲達若從道德人品來評價則二人不可同日而語，所以宗吾先生先作《厚黑學》時，把孔明先生排除在厚黑天地之外，而以司馬先生爲厚黑之宗主，學問之集大成者。

若從實際鬥爭來看，竊以爲孔明先生這位王佐之才與仲達先生這位厚黑名家，兩人你不能征服我，我不能征服你，正好是一對敵手。而且平心而議，孔明某些方面還要比仲達稍稍遜色一點。

其一，孔明治軍辛勞，仲達治軍逍遙。是以孔明積勞成疾，年僅五十四而卒。仲達心寬體閒，年逾七十三而卒。孔明雖小仲達二歲，而早辭世十七年。

其二，孔明北伐無必勝之信心，仲達破孔明則有穩操之勝算。孔明《出師表》有云：「願陛下托臣以討賊興復之效；不效，則治臣之罪，以告先帝之靈。」仲達與其弟司馬孚之書有曰：「亮志大而不見機，多謀而少決，好兵而無權，雖提卒十萬，已墮吾畫中，破之必矣。」雖然司馬懿指摘孔明之言有損人以自誇之意，但司馬懿具有必勝的信念是不用懷疑的，其夜郎自大也不是沒有根據的。

其三，孔明尋不出司馬懿的破綻，而司馬懿明瞭孔明用兵的意圖與其短長得失。所以孔明出師難以佔有什麼便宜，收兵往往爲仲達所乘。所以孔明遺巾幗亦不能激怒司馬懿那張厚臉，司馬懿坐守卻能待孔明之自凋。

司馬懿的臉有如此之厚，心又如精於算計，儘管孔明先生有經天緯地之才，光昭日月之德；亦不能奈何此人，最多只能戰個平局。儘管孔明先生出師未捷有多種理由如《袁子》、《默記》、《晉書》所述，但司馬懿畢竟是笑到最後的人，我們只好承認現實，承認宗吾先生的結論：「諸葛武侯，天下奇才，是三代下第一人，遇著司馬懿還是沒有辦法。他下了『鞠躬盡瘁，死而後已』的決心，終不能取得中原尺寸土地，竟至嘔血而死，可見王佐之才，也不是厚黑名家的敵手！」

李宗吾的人生哲學—厚黑人生　　中國人生叢書 11

著　　者／湯江浩
出 版 者／揚智文化事業股份有限公司
發 行 人／葉忠賢
登 記 證／局版北市業字第 1117 號
地　　址／台北市新生南路三段 88 號 5 樓之 6
電　　話／(02)366-0309　366-0313
傳　　真／(02)366-0310
郵　　撥／14534976　揚智文化事業股份有限公司
網　　址／http://www.ycrc.com.tw
E-mail／tn605541@ms6.tisnet.net.tw
印　　刷／偉勵彩色印刷股份有限公司
法律顧問／北辰著作權事務所　蕭雄淋律師
ISBN／957-8637-95-0
二版二刷／2002 年 3 月
定　　價／新臺幣：250 元

國家圖書館出版品預行編目資料

李宗吾的人生哲學：厚黑人生／湯江浩著. --
再版. -- 臺北市：揚智文化, 1999[民 88]
面;　公分. -- (中國人生叢書; 11)
ISBN 957-8637-95-0(平裝)

1.李宗吾 － 學術思想 － 哲學

128.6　　88001594